NICOLA JIANG

CINA

GUIDA AVVENTUROSA A UN PAESE DI CITTÀ IMPERIALI, LANTERNE E HOT POT

CAIRO

Testi in collaborazione con Giulia Oglialoro

ISBN 978-88-309-0567-2
Prima edizione: ottobre 2025

SOMMARIO

Ai viaggiatori curiosi,
perché la Cina
non è solo da guardare,
ma anche da assaggiare

PER INIZIARE: UNA CINA, TANTE CINE

OH, VARA CHI C'È, NICOLA JIANG!

中国

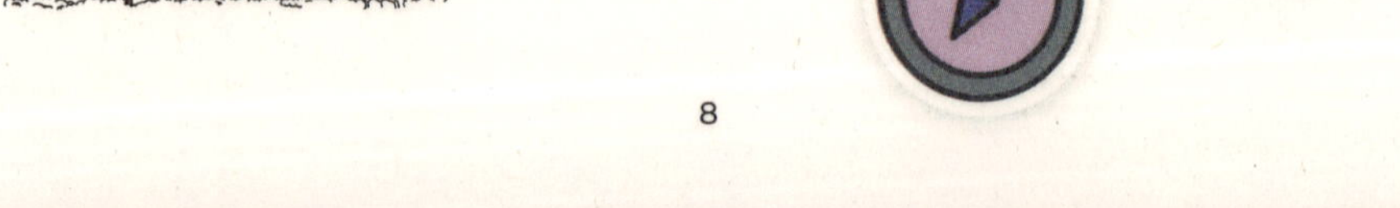

SÌ, SONO PROPRIO IO, PRONTO A PORTARVI ALLA SCOPERTA DELLA CINA.

Se mi conoscete già, saprete che considero questo Paese qualcosa di assolutamente unico. E no, non lo dico solo perché la mia famiglia viene da qui, ma perché credo che almeno una volta nella vita bisognerebbe vederlo con i propri occhi.

Il primo di molti scatti!

VARA CHI C'È!

Tanto per cominciare, la Cina ha una storia antichissima – lunga più di cinquemila anni! –, ma allo stesso tempo è uno dei Paesi più moderni che esistano. Tra le sue città troverete grattacieli scintillanti e templi buddisti; scoprirete accoglienti botteghe artigianali, ma anche negozi all'avanguardia in cui si può pagare solo con il riconoscimento facciale; vi godrete una lenta passeggiata lungo il Fiume Azzurro, ma pure tragitti su treni super veloci e visite a quartieri futuristici degni di un film di fantascienza.

La Cina però è anche immensa – grande quanto l'intera Europa – e ricca di paesaggi diversi: deserti, montagne, foreste, risaie, spiagge e persino steppe. Io la definisco un vero e proprio continente in miniatura: viaggiare da una regione all'altra è come spostarsi in un altro Paese. E ogni regione ha una sua cultura, un suo accento, talvolta persino una sua lingua – pensate che le etnie ufficialmente riconosciute in Cina sono 56!

Ravioli a base di carne e brodo di Shanghai

XIAOLONGBAO

Per non parlare, ovviamente, della cucina: dagli spaghetti tirati a mano di Lanzhou alla mitica anatra laccata di Pechino, fino all'hot pot infuocato di Chongqing, la varietà della gastronomia cinese non smetterà mai di sorprendervi.

E poi ci sono quei piccoli momenti quotidiani che in Cina diventano speciali. Come la mattina nei parchi, dove gli anziani si incontrano, chiacchierano, fanno Tai Chi o giocano a volano... con i piedi (si chiama *jianzi*: non temete, avremo modo di parlarne). E che dire delle sere d'estate, quando le piazze si riempiono di gruppi di donne che ballano, musicisti improvvisati, e gente che canta a squarciagola al karaoke? Il tutto all'aperto, microfono alla mano, con tanto di schermo e casse portatili.

Un momento karaoke per le strade di Pechino: tra i palazzi e le gradinate c'è sempre spazio per cantare.

La Cina, per me, è questo: vitalità e raccoglimento, tradizione e futuro che convivono fianco a fianco. Ed è proprio questo mix che voglio raccontarvi in questa guida.
Una cosa che in pochi sanno: fino al 31 dicembre 2025, i cittadini italiani non hanno bisogno del visto per soggiorni fino a trenta giorni. Che dite, forse è ora di organizzare quel viaggio che rimandate da un po'?

QUATTRO ASSAGGI DELLA CINA

Sarebbe impossibile stilare una guida che racconti *tutta* la Cina, da un angolo all'altro: troppo grande, diversa, stratificata. Ne verrebbe fuori un'abbuffata di luoghi e informazioni. Quello che vorrei fare, piuttosto, è offrirvi quattro assaggi di questo magnifico Paese: quattro città molto differenti, ognuna capace di raccontare un volto unico della Cina – dalla tradizione millenaria al futuro più avveniristico.
Le ho scelte non solo perché sono tra le città più importanti e affascinanti del Paese, ma anche perché sono ben collegate e si raggiungono facilmente, grazie a treni ad alta velocità e voli frequenti. Un itinerario rappresentativo, quindi, ma del tutto fattibile; una degustazione ben bilanciata fra storia, cultura, cucina e... piccantezza (sì, sto parlando di Chongqing!).

Ecco le nostre tappe:

北京市

PECHINO
LA CAPITALE, NONCHÉ L'ANIMA DEL PAESE

A Pechino si trovano i monumenti cinesi più famosi, tutti riconosciuti come Patrimonio dell'UNESCO, e ovviamente una delle sette meraviglie del mondo, la Grande Muraglia. Ma in questa città, come vedremo, è anche possibile assaporare una cucina davvero «imperiale» tra i suoi meravigliosi *hutong*, i vicoli caratteristici.

XI'AN

IL CUORE ANTICO DELLA CINA, PUNTO DI PARTENZA DELLA VIA DELLA SETA

西安市

STREET MARKET A XI'AN

A Xi'an scopriremo l'Esercito di Terracotta, voluto dall'imperatore Qin Shi Huang come protezione nell'aldilà, ma ci immergeremo anche nel quartiere musulmano. Qui, infatti, vive una delle più grandi comunità Hui del paese, e potremo gustare una vera cucina cinese musulmana, rigorosamente *halal*.

CHONGQING
LA CITTÀ TRA I DUE FIUMI
重庆市

È conosciuta come «la città in 8D» per la sua architettura del tutto unica e quasi da videogioco, grazie ai palazzi costruiti sulle colline. È famosa per la sua metropolitana che attraversa i palazzi e per l'hot pot più piccante (e leggendario) della Cina.

La vista dal Bund, il viale di Shangai che fiancheggia il Huangpu

SHANGHAI
LA CINA DEL DOMANI

上海市

Shangai è una metropoli moderna e internazionale, dove futurismo e passato si incontrano, tra skyline vertiginosi e edifici in stile europeo d'epoca coloniale. Tappa obbligata: i suggestivi *Long Tang*, in cui gustare tutti i sapori della Cina.

A QUESTO PUNTO... DIREI CHE SIAMO PRONTI PER PREPARARE LA VALIGIA!

TUTTO QUELLO CHE DOVETE FARE PRIMA DI PARTIRE PER LA CINA

Viaggiare in Cina è un'avventura unica, ma bisogna essere preparati. Ci sono alcune usanze e abitudini che è importante conoscere per evitare sorprese una volta atterrati. Cominciamo dalle basi: i bagagli.

COSA PORTARE CON SÉ

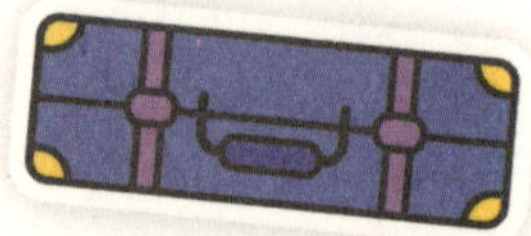

Potrà sembrare curioso, ma una delle cose fondamentali da avere sempre nello zaino quando si visita una città è...

LA CARTA IGIENICA (O MOLTI, MOLTI FAZZOLETTI)

In Cina, i bagni pubblici si trovano praticamente ovunque – sono gratuiti e spesso anche molto puliti – **ma non sempre forniscono carta**. Troverete supermercati e minimarket dappertutto, quindi non serve certo che ve la portiate da casa, ma ecco, meglio essere pronti!

Un altro dettaglio da considerare riguarda le posate. Nei ristoranti tradizionali, infatti, **non troverete forchetta e coltello**. Questo vi garantisce senz'altro un'esperienza più autentica, ma se non siete molto pratici con le bacchette può essere utile portare un piccolo set da viaggio: niente di ingombrante, ma abbastanza per gustarsi i pasti senza fatica.

Poi c'è la questione elettricità: **le prese cinesi sono diverse** da quelle italiane, quindi un adattatore universale è fondamentale per tenere carichi telefoni e computer.

Infine, un consiglio prezioso per non rovinarsi l'appetito. Alcune cucine regionali in Cina usano parecchio olio e sale. Se volete essere prudenti, meglio mettere in valigia **fermenti lattici** o farmaci per eventuali disturbi.

D'estate serve armarsi di **cappellino e crema solare**, perché il sole non scherza. In certe giornate sembra di stare dentro a un forno, soprattutto in città come Pechino. Viceversa, d'inverno bisogna **coprirsi bene**, ma bene sul serio, come per andare in montagna: giacca pesante, sciarpa e guanti non possono mancare in valigia. Nelle stagioni intermedie, invece, il mio consiglio è avere sempre uno di quei giacchettini leggeri tipo **k-way**, perché il tempo può cambiare del tutto da un giorno all'altro: magari a Pechino serve ancora il maglione, ma a Shanghai si sta già in maniche corte.
Un consiglio da esperto: **non dimenticate il burrocacao**. A Pechino, in particolare, l'aria è super secca e il vento taglia le labbra. Se non volete ritrovarvi con la bocca tipo carta vetrata… partite preparati!

COSA *NON* PORTARE CON SÉ

Lo capisco: quando si parte per un lungo viaggio, la tentazione di portarsi dietro l'intera casa è forte. Ma fidatevi, ci sono alcune cose che è meglio lasciare a terra, o potreste iniziare il viaggio con una bella ispezione in dogana. Controllano davvero, quindi meglio non rischiare.

Innanzitutto, niente **cibi freschi**: frutta, verdura, carne (sia cruda sia cotta), salumi e latticini non sono ammessi all'ingresso del Paese. Insomma, panini da viaggio o spuntini zen vanno fatti fuori prima dell'arrivo.
Nel caso in cui viaggiaste con **farmaci e medicinali** importanti, il mio consiglio per evitare problemi è di portarvi dietro una prescrizione medica, meglio se tradotta in inglese.
Altro appunto fondamentale: negli aeroporti, e talvolta anche prima di entrare nei luoghi turistici, gli **accendini** vengono sequestrati. Perciò lasciate a casa il vostro Zippo del cuore.
Inoltre, dopo molteplici incidenti sui voli, per motivi di sicurezza, dal 28 giugno sui voli nazionali cinesi tutti i **power bank** devono essere dotati obbligatoriamente del marchio di certificazione CCC; se non conformi, verranno sequestrati all'istante. Il mio consiglio, quindi, è di evitare di portare il vostro (e magari comprarne uno direttamente in Cina).

LE APP E TUTTO CIÒ CHE È NECESSARIO INSTALLARE

In Cina il telefono non è solo utile: è fondamentale. Vi stupirete di quante cose potrete fare semplicemente accostando lo schermo del vostro cellulare a un lettore o scansionando un QR Code. Ma attenzione: perché tutto funzioni a dovere, è indispensabile che prima di partire installiate alcuni aggiornamenti. Niente di complicato, tranquilli! Di seguito vi riepilogo tutto ciò che vi serve sapere.

Innanzitutto, per la connessione internet procuratevi una eSIM, altrimenti non potrete accedere a molti siti e app occidentali che in Cina sono bloccati (Google, Gmail, WhatsApp, Instagram, Facebook, ecc.).

A prezzi economici, che variano a seconda delle esigenze e della durata del viaggio, potrete acquistarne una online da fornitori internazionali come **Airalo**, **Holafly** o **Nomad**: sono facili da scaricare e, una volta installate, vi permetteranno di navigare senza alcun problema. In alternativa, potete comprare una SIM locale negli aeroporti cinesi, oppure attivare un pacchetto roaming tramite la vostra compagnia telefonica italiana. In questi ultimi due casi, però, dovrete installare anche una **VPN**, necessariamente prima di arrivare in Cina: una volta lì, infatti, molti siti non sono raggiungibili, perciò potrebbe essere complicato scaricarla o attivarla. Le più usate sono **Astrill** (molto popolare tra chi vive in Cina) e **LetsVPN**. Quando atterrerete, usatela prima di connettervi a internet: in questo modo potrete navigare senza limiti fin da subito.

Per i pagamenti è raro che si usino banconote e monete.

Le due app fondamentali (e sì, diciamo pure indispensabili!) sono **Alipay** (Zhifubao 支付宝) e **WeChat** (Weixin 微信): funzionano anche con carte straniere e sono utilizzate ovunque, dai supermercati ai mercati tradizionali. WeChat è anche il principale strumento di messaggistica (una sorta di WhatsApp cinese, ma con più funzioni).

Consiglio spassionato: scaricate queste app *prima* di partire, create gli account, aggiungete i metodi di pagamento e prendetevi un po' di tempo per farci pratica, anche solo una settimana prima del viaggio. Vi torneranno utili **subito**, già all'arrivo in aeroporto! Avere un po' di contanti, comunque, fa sempre comodo. Dovesse scaricarsi la batteria del telefono, per esempio, avreste sempre un'alternativa.

Gli spostamenti via terra in Cina risultano generalmente semplici ed efficienti.

Per viaggiare in treno, vi servirà **Railway 12306**, con cui potrete comodamente acquistare biglietti e calcolare i percorsi.

Per muovervi in **macchina** fate invece riferimento a **DiDi**, l'equivalente cinese di Uber, utile per spostarsi senza dover trattare con tassisti o rischiare truffe.
Per quanto riguarda i **mezzi pubblici**, ricordatevi di tenere sempre il passaporto a portata di mano – vi servirà per registrare i vostri dati nelle app e accedere a molti servizi.

Per spostarvi in città, la **metropolitana** (地铁 Di Tie) è il mezzo più comodo. Potete acquistare i biglietti alle macchinette o dal personale, ma il metodo migliore – e più veloce – è usare Alipay scansionando un **QR code** direttamente con il telefono. Ecco come fare:

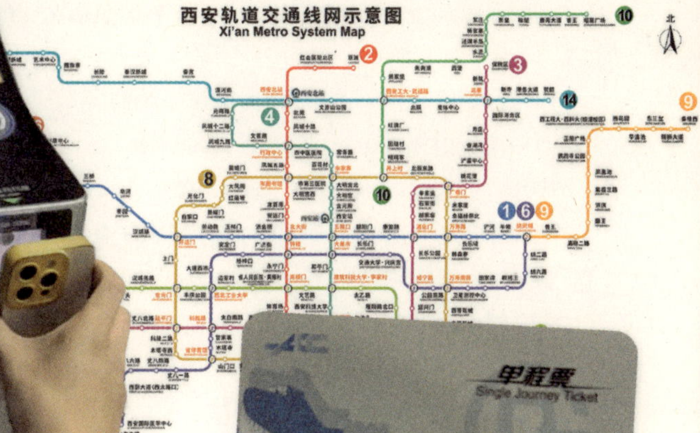

- Aprite Alipay
- In alto a sinistra, selezionate la città in cui vi trovate
- Andate su «Trasporti»
- Scegliete «Metro»
- Inserite i vostri dati del passaporto
- Vi apparirà un QR code da usare per entrare e uscire dalla metro. Più semplice di così!

Anche sugli **autobus** (公交 Gong Jiao) potete usare Alipay. Una volta saliti, potete inserire i contanti direttamente nella cassettina accanto all'autista (occhio perché è una scatola molto basic e non dà resto, un po' come quelle per la beneficenza).
In alternativa, potete usare Alipay: stesso percorso della metro, ma selezionate «Autobus» invece di «Metro». Anche qui vi verrà mostrato un QR code da scansionare sia all'entrata che all'uscita. In pratica, con Alipay (e passaporto già registrato) potete girare tutta la città senza nemmeno passare per la biglietteria. Comodissimo, soprattutto nelle ore di punta!

Anche per alloggi e alberghi ho qualche dritta da darvi.

Per gli alloggi **Trip.com** è molto utile, ma tenete bene a mente che non tutte le strutture accettano stranieri. Fate attenzione che durante la prenotazione vi appaia la scritta «Questa struttura accoglie ospiti provenienti da qualsiasi Paese o regione». Se così non fosse, vi consiglio di non prenotare e di propendere invece per un altro albergo o affittacamere, evitando così problemi al momento del check-in. E sì, sono molto severi! È capitato che facessero storie persino a me...

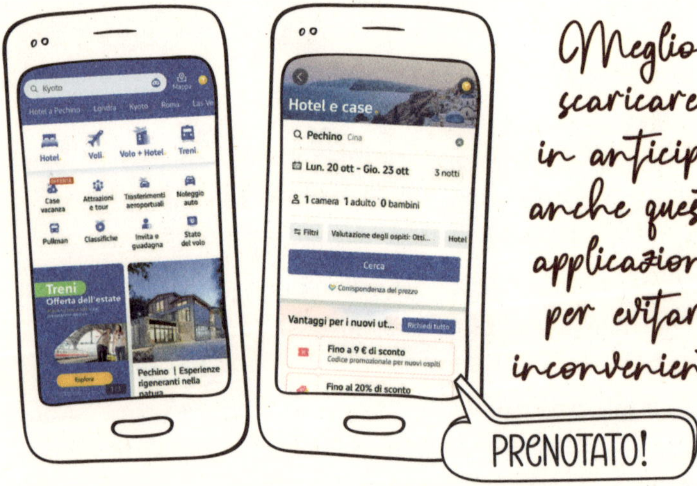

Meglio scaricare in anticipo anche queste applicazioni, per evitare inconvenienti...

Per orientarvi in città potete usare:

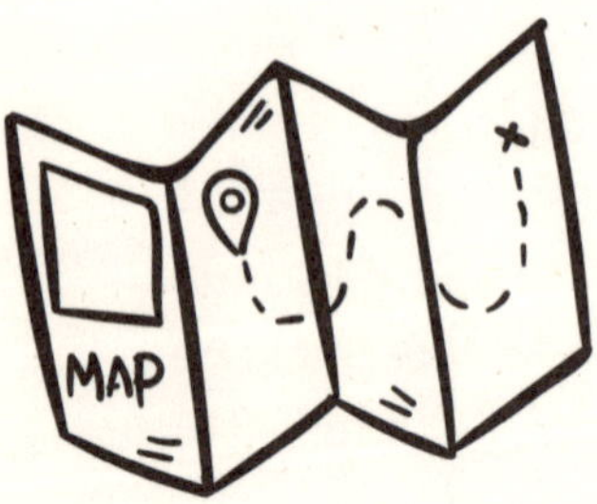

AMap (che si può scaricare normalmente), oppure utilizzare semplicemente **Mappe** (la mappa integrata in ogni iPhone). In caso abbiate una eSIM o una VPN attiva, potete fare riferimento a **Google Maps**.

Infine, una app di traduzione simultanea sarà essenziale: in Cina l'inglese non è molto diffuso, soprattutto fuori dalle grandi città.

Ed è vero che noi italiani ci facciamo spesso capire a gesti, ma, ecco, avere una buona app di supporto può davvero salvare la situazione.

PER FAVORE NON SPUTARE DA NESSUNA PARTE

Vi pare un divieto strano? Non preoccupatevi, ci arriveremo!

Se state pensando a **DeepL** – ideale per molte lingue europee – vi avviso che non è l'opzione più comoda per un viaggio in Cina, dato che non offre direttamente la combinazione italiano-cinese.

Google Traduttore è a mio avviso la scelta più pratica: traduce testi, immagini e persino le frasi dettate a voce, quindi vi permetterà di «dialogare» dal vivo. Vi sarà utile anche per leggere un menu, specialmente se volete informarvi sugli allergeni. Se avete un iPhone c'è anche l'app **Traduci** già integrata: funziona praticamente allo stesso modo – riconosce voce, testo e immagini – ed è perfetta se per qualche motivo non avete una VPN attiva (io stesso la uso spesso quando viaggio). In alternativa, potete usare **Microsoft Translator**, che funziona anche off-line e ha una comoda modalità «conversazione». Anche **Pleco**, un dizionario virtuale italiano-cinese, funziona off-line, ed è molto affidabile per tradurre parole o brevi frasi.

QUALCHE DRITTA BUROCRATICA

Prima di mettersi in viaggio, è meglio conoscere alcune regole pratiche che in Cina fanno davvero la differenza.

Se non soggiornate in hotel ma in una casa privata (da amici, parenti o in un appartamento in affitto), ricordate che è obbligatorio **registrarsi presso la stazione di polizia locale** entro 24 ore. Basta presentarsi con il passaporto e comunicare l'indirizzo presso cui alloggiate. È una procedura semplice e veloce, ma è bene non dimenticarla.

Prima di partire, verificate che il passaporto abbia almeno sei mesi di validità dalla data di ingresso in Cina.

È un requisito fondamentale per entrare nel Paese. Una volta arrivati, meglio tenerlo sempre a portata di mano: potrà servirvi per entrare in musei, hotel, stazioni o anche semplicemente per alcuni controlli di sicurezza.

Ultima, importantissima raccomandazione: prima di partire, stipulate un'**assicurazione di viaggio** che copra anche le spese mediche. Non è il genere di cose a cui si pensa volentieri, ma avere una copertura come si deve vuol dire viaggiare più tranquilli e affrontare ogni eventualità senza panico.

UN PICCOLO PROMEMORIA PRIMA DEL DECOLLO

numeri utili inclusi

Tutti i locali, indirizzi e piatti citati in questo libro sono frutto della mia esperienza diretta, aggiornata al momento del mio ultimo viaggio. Detto questo, un posto che oggi è una chicca imperdibile, domani potrebbe avere cambiato gestione, orari, o persino aver chiuso del tutto (ahimè). Insomma, prendetela come una guida viva, non scolpita nella pietra.

S.O.S

E già che ci siamo, vi lascio anche qualche numero utile, che è sempre meglio avere sottomano:

Polizia: 110

Pronto soccorso: 120

Vigili del fuoco: 119

Polizia stradale: 122

Per qualsiasi altra informazione (requisiti di ingresso, contatti dell'ambasciata e dei consolati, eventuali aggiornamenti), vi consiglio di dare un'occhiata al sito della Farnesina: www.viaggiaresicuri.it/find-country/country/CHN

TUTTO QUELLO CHE È MEGLIO *NON* FARE, UNA VOLTA ARRIVATI IN CINA

Quando si viaggia in un Paese lontano, sono spesso i piccoli gesti quotidiani a fare la differenza. E la Cina non fa eccezione. Ci sono infatti abitudini che per gli occidentali sono del tutto normali, ma che in terra cinese possono risultare poco educate, se non addirittura fuori luogo. E viceversa, naturalmente. Non si tratta di grandi barriere culturali, ma di piccole attenzioni che possono aiutarvi a sentirvi più a vostro agio, a rispettare chi vi ospita e – perché no – a vivere il viaggio in modo più autentico. Conoscerle è importante quanto ricordarsi di mettere il passaporto in valigia!
Per esempio: in Italia vi sarà capitato mille volte, camminando per strada, in metropolitana o seduti al ristorante, di tirar fuori un fazzoletto e soffiarvi il naso senza pensarci troppo. Ecco, in Cina sarebbe meglio evitarlo.

... e, fino a qualche tempo fa, addirittura maleducato.

Oggi è un gesto più tollerato, e probabilmente nessuno vi guarderà male, ma sempre meglio cercare di farlo con discrezione, magari defilandovi un attimo.

Al contrario, se vedrete persone sputare per terra, magari anche con una certa energia... non sorprendetevi! In Cina è un comportamento abbastanza comune, specialmente tra le persone anziane. Non vuol dire mancanza di rispetto: è semplicemente una diversa abitudine culturale.

DECISAMENTE DA EVITARE: ABBRACCI AFFETTUOSI E BACI SULLE GUANCE,

in particolare con gente appena conosciuta. In Italia siamo abituati a salutarci in maniera piuttosto «fisica», ma in Cina meglio optare per una semplice stretta di mano. Un'altra abitudine molto italiana è quella di parlare a voce alta (magari pure in lunghe telefonate durante le quali aggiorniamo amici e parenti sulla nostra vita), ma sui mezzi pubblici cinesi, come metro, treni e bus, vi accorgerete che tengono tutti un **tono basso**.

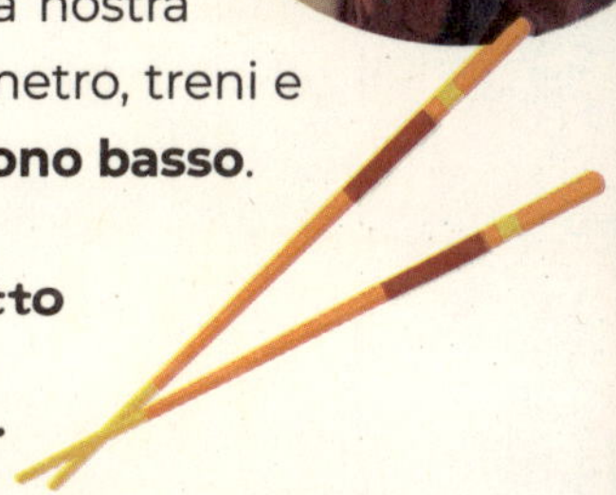

Meglio adeguarsi, soprattutto se non volete diventare il centro dell'attenzione...

Parlando invece di maniere a tavola: ricordate di

NON BATTERE MAI LE BACCHETTE

contro la ciotola o il piatto (no, non è un tamburo, e voi non siete percussionisti mancati!). È una scena che mi capita di vedere ogni tanto nei ristoranti più turistici, ma sappiate che per i cinesi è segno di scarsa educazione. Ancora più importante: **mai piantare le bacchette verticalmente nel riso**. Questo gesto richiama i riti funebri ed è considerato offensivo. Meglio appoggiarle ordinatamente sul bordo della ciotola o sul loro supporto.

A proposito di buone maniere... se dopo un pranzo abbondante vi scapperà un rutto, non preoccupatevi troppo. In Cina non è visto come una mancanza di galateo, e nessuno vi incenerirà con lo sguardo se dovesse sfuggirvi. Naturalmente, sempre senza esagerare.

Un consiglio pratico: **non bevete l'acqua del rubinetto**. Non è potabile. Ma niente panico: troverete bottigliette d'acqua ovunque, nei minimarket, nei distributori automatici, persino nei negozietti più piccoli. In ogni ristorante, inoltre, vi verrà gratuitamente offerta dell'acqua calda (se non proprio bollente), che secondo la tradizione cinese favorisce la digestione e il benessere fisico.

Un'altra accortezza riguarda la macchina fotografica (o il telefono, più probabilmente): in molti templi buddisti

È VIETATO FOTOGRAFARE LE STATUE SACRE.

Anche se i cartelli di divieto non sempre sono chiarissimi, cercate di prestare attenzione e di rispettare le regole. Mostrare rispetto per i luoghi di culto non solo vi eviterà situazioni imbarazzanti, ma vi aiuterà a vivere l'esperienza del viaggio più profondamente.

Infine, un piccolo vademecum delle **cose severamente vietate**, perché possiate godervi il viaggio in tutta serenità:

1. L'uso, la vendita o il possesso di droghe (le pene sono molto severe).

2. La pornografia, sia online che su supporto fisico.

3. Il gioco d'azzardo, in tutte le sue forme.

4. Portare con sé armi o coltelli.

5. Fare riprese aeree con droni senza permesso, o filmare strutture militari/governative.

6. Diffondere contenuti politici sensibili o informazioni false.

7. Partecipare a manifestazioni, cortei o raduni non autorizzati.

8. Svolgere attività religiose non registrate o predicare senza permesso ufficiale.

Ecco, direi che ora siete davvero pronti: conoscete già quelle piccole differenze che vi faranno sentire più a vostro agio e vi permetteranno di immergervi a pieno nella cultura cinese. Solo qualche piccola indicazione sui trasporti, e poi...

CI ADDENTREREMO A SCOPRIRE INSIEME LE CITTÀ PROTAGONISTE DI QUESTO VIAGGIO: QUATTRO ASSAGGI DI UNA CINA TUTTA DA VIVERE!

GUIDA PRATICA ALLE FERROVIE CINESI

TRENI SÌ, MA QUALI?

La rete ferroviaria cinese è un capolavoro d'ingegneria: veloce, puntuale, efficiente e con carrozze spesso più comode degli aerei. Ma ci sono diversi tipi di treni, e non è sempre facilissimo districarsi tra sigle, velocità e livelli di comfort. Ecco una piccola guida per non sbagliare binario.

Treni ad alta velocità

Sono quelli moderni, super aerodinamici, con i sedili puliti e le porte che si chiudono da sole come in un'astronave. Esistono tre categorie principali:

Gao Tie 高铁 (sigla G): i più veloci in assoluto, sfrecciano fino a 350 km/h. Fanno pochissime fermate (solo nelle città principali) e sono perfetti per chi ha fretta o deve coprire lunghe distanze.

Dong Che 动车 (sigla D): leggermente più lenti (200-250 km/h), ma comunque molto comodi e puntuali. Fanno qualche fermata in più e, di solito, sono anche un po' più economici rispetto ai G.

Cheng Ji 城际 (sigla C): usati soprattutto per brevi tratte tra grandi città vicine fra loro (tipo Pechino-Tianjin), ideali per un viaggio andata e ritorno in giornata. Veloci, frequenti, pratici.

Questi treni offrono seconda classe (comoda ed economica), prima classe (più spaziosa) e talvolta anche una lussuosa business class.

Treni ordinari (per viaggiatori lenti o nostalgici)

Questi sono i treni «vecchia scuola»: meno veloci, ma più economici (ideali per chi ha un budget ridotto) e spesso usati per viaggi notturni o lunghi spostamenti da fare con calma.

Zhi Da Te Kuai 直达特快 (sigla Z): significa «diretto molto veloce». Poche fermate, buone velocità, ottimi per le lunghe distanze.
Te Kuai 特快 (sigla T): si ferma in più stazioni rispetto a uno Z, ma è comunque piuttosto rapido.
Kuai Su 快速 (sigla K): letteralmente «veloce», ma in realtà è più «rilassato». È il treno ordinario più comune, economico ma lento.
Lü Pi Huo Che 绿皮火车 (i «treni verdi»): i più vecchi di tutti, riconoscibili dal colore verde. Niente aria condizionata, sedili duri e un fascino da film anni Sessanta. Super lenti, ma super economici, spesso usati nelle zone più remote.

Oltre al biglietto, sui treni ordinari dovrete scegliere anche il tipo di posto. Ecco un piccolo vocabolario da tenere a mente:
硬座 Ying Zuo = **Posto duro** (è proprio duro, eh...)
软座 Ruan Zuo = **Posto morbido** (un po' meglio, ma non aspettatevi velluto e prosecco)
硬卧 Ying Wo = **Cuccetta dura**: tre letti a castello, essenziale ma conveniente
软卧 Ruan Wo = **Cuccetta morbida**: solo due letti a castello, più spaziosa e silenziosa
高级软卧 Gao Ji Ruan Wo = **Cuccetta morbida di lusso**: ovvero letto comodo a castello, bagno privato e tutta la pace del mondo. Disponibile solo su alcune tratte notturne. Dato che può ospitare due persone, il mio consiglio è di andarci in coppia o con un amico: è molto meglio condividere la stanza con qualcuno che conoscete piuttosto che rischiare di dormire con uno sconosciuto...

In sintesi:

- **Per chi ama correre o ha poco tempo,** optate per i treni ad alta velocità (G, D, C).
- **Per chi ama risparmiare o farsi cullare dal paesaggio,** meglio i treni ordinari (Z, T, K, e i leggendari «treni verdi» senza sigla).

BONUS: GLI AEROPORTI

(ovvero: prendere l'aereo senza farsi venire un esaurimento)

Se il treno non fa per voi, inoltre, ricordate che in ogni grande città cinese ci sono almeno due aeroporti principali – alcuni più centrali, altri parecchio fuori mano.

Ma niente paura:
alla fine di ogni capitolo vi riassumerò tutte le informazioni più importanti per arrivare preparati e viaggiare senza stress (o quasi).

北京市

PECHINO

L'ANIMA DELLA CINA

Pechino è forse la città della Cina a cui sono più affezionato. La sento come una specie di seconda casa, ma nonostante tutto il tempo che ci ho trascorso riesce ancora a sorprendermi. È una città che ti travolge: enorme, con un passato importantissimo, solenne e moderna allo stesso tempo. La sua storia è inscritta nelle strade, nei palazzi, nei monumenti, ma anche nella cucina, che offre un sacco di piatti diversi e squisiti. Di seguito vi suggerisco i luoghi che per me valgono assolutamente una visita. Ci sono tornato più volte, e ogni volta mi hanno lasciato qualcosa di diverso. Ve li racconto così come li ho vissuti io, sperando che vi facciano innamorare quanto hanno fatto con me.

Forse si tratta della città più famosa della Cina, ma questo non la rende «scontata»: vedrete quante sorprese riserva!

Un panorama da paura

LA CITTÀ PROIBITA

LA GRANDE MURAGLIA

PIAZZA TIENANMEN

TEMPIO DEL CIELO

PALAZZO D'ESTATE

LA CITTÀ PROIBITA
Gu Gong (故宫)

Se volete sapere di più sulla storia imperiale cinese, la Città Proibita è un must assoluto. Gli imperatori hanno vissuto qui per quasi 500 anni, dal 1406 fino al 1912. La prima volta che ci sono entrato, mi sembrava di essere salito su una macchina del tempo: è immensa (oltre 8000 stanze!), con una simmetria così perfetta da lasciare a bocca aperta, e tanti di quei cortili che sembrano infiniti – ogni angolo pare la scena di un film in costume. Facile immaginarsi i servitori, le dame, e naturalmente la famiglia reale. Nessuno, ma proprio nessuno poteva entrarci senza il permesso dell'imperatore. Fa un certo effetto.

Una curiosità storica:
dopo essere stato cacciato nel 1924 (quando cioè la Città Proibita diventò un museo pubblico), l'ultimo imperatore Puyi provò a rientrare «a casa», ma dovette fare la fila e comprare il biglietto. Come un visitatore qualunque.

PARCO JING SHAN

Dal parco si contempla la Città Proibita in tutta la sua bellezza

Un consiglio sincero:

dopo la visita, andate al parco Jing Shan, proprio davanti all'uscita. Salite sulla collina (ci vorranno solo pochi minuti) e godetevi la vista dall'alto sulla Città Proibita... e su tutta Pechino. È un panorama che non scorderete facilmente.

LA CITTÀ PROIBITA

PIAZZA TIENANMEN

Tian An Men Guang Chang (天安门广场)

Non ha bisogno di molte presentazioni: è una delle **piazze più grandi al mondo**. Appena arrivati, capirete di essere nel cuore del potere cinese.

I controlli all'ingresso sono tanti e rigidissimi – passaporto sempre a portata di mano – ma è tutto normale, anzi, fa parte dell'esperienza.

Potrete vedere il Mausoleo di Mao Zedong, che qui annunciò ufficialmente la nascita della Repubblica Popolare Cinese il 1° ottobre 1949, ma anche il Monumento agli Eroi del Popolo e la Grande Sala del Popolo (sede del parlamento cinese), nonché l'ingresso alla Città Proibita: insomma, un concentrato di storia, politica e architettura.

Sulla cima dell'edificio è appeso il ritratto di Mao Zedong

Una volta ho deciso di svegliarmi alle 3 del mattino per assistere alla **cerimonia dell'alzabandiera**, che inizia alle 5. Una follia, lo so, ma anche una delle cose più intense che abbia mai visto: decine di soldati, tutto cronometrato al secondo, e un silenzio quasi surreale. Se siete tipi da sveglia presto, ve la consiglio davvero.

IL TEMPIO DEL CIELO
Tian Tan (天坛)

Quel che più mi ha colpito, visitandolo per la prima volta, è stata l'atmosfera calma e pacifica che sprigiona questo tempio, forse proprio grazie alla sua struttura circolare, particolarissima. Costruito nel XV secolo, era il luogo in cui gli imperatori della dinastia Ming e Qing pregavano nella speranza di ottenere un buon raccolto e per ringraziare il cielo.

È uno degli esempi più perfetti di architettura religiosa cinese, tutto basato su simmetrie e simbolismi.

Ma il bello viene prima ancora di arrivarci: il tempio si trova in mezzo a un parco enorme, e camminando al mattino incontrerete anziani che fanno Tai Chi, signore che ballano, gruppi che giocano o si allenano con il **Jianzi** (毽子) – una specie di volano, ma si gioca coi piedi invece che con le racchette. Vedrete gruppi di signore e signori che se lo passano con palleggi acrobatici che manco i migliori giocatori di Serie A! Se avete voglia, buttatevi senza vergogna: vi accolgono con entusiasmo e magari vi insegnano anche qualche mossa.

LAGO KUNMING

PALAZZO D'ESTATE

IL PALAZZO D'ESTATE

Yi He Yuan (颐和园)

Qui si respira proprio il lusso imperiale. Visitandolo vi toccherà camminare tantissimo – è gigantesco – ma ogni passo vale la pena. Era il **rifugio estivo dell'imperatore** quando si stancava della Città Proibita (che già di suo non era proprio un monolocale), e si vede che qui voleva rilassarsi: con una vista mozzafiato sul lago Kunming, ponti eleganti, padiglioni affrescati e un corridoio coperto con centinaia di dipinti, uno diverso dall'altro, capirete quanto i reali cinesi avessero a cuore la bellezza e la perfezione estetica.

LA GRANDE MURAGLIA
Chang Cheng (长城)

Se penso a un luogo in cui mi sono davvero commosso in Cina, è stato questo. Salire sulla Muraglia – e sottolineo salire, perché non è una passeggiata tranquilla – è faticoso, ma incredibile. **Lunga oltre 21.000 chilometri**, è uno dei simboli della Cina e una delle opere più incredibili mai costruite.
Tra i punti migliori in cui visitarla, ci sono:

Ba Da Ling (八达岭): il tratto più famoso e frequentato dai turisti cinesi, perciò anche molto affollato. Tuttavia è ben restaurato e facilmente accessibile dal centro di Pechino, anche con il treno ad alta velocità.

Mu Tian Yu (慕田峪): il tratto più famoso fra i turisti internazionali.

Jin Shan Ling (金山岭): il tratto più lontano dal centro di Pechino, meno conosciuto e perciò meno affollato. Ma offre una vista meravigliosa della Muraglia stessa.

Serviva a proteggere l'impero da possibili attacchi, ma chissà che anche gli invasori non siano rimasti sopraffatti, almeno una volta, dalla meraviglia di questo posto.

Ci sono tratti ripidissimi, discese che ti spezzano le gambe... ma ognuno regala panorami pazzeschi, silenzi rari e la sensazione irreale di camminare su qualcosa di immenso. Pensare a quanto lavoro è costato costruirla vi farà guardare tutto con un rispetto diverso. È una di quelle esperienze che restano impresse.

北京市

PECHINO

FUORI DAI SOLITI GIRI: I MIEI CONSIGLI

QUALCUNO HA DETTO *HUTONG*?

Se volete scoprire il lato più vero e quotidiano di Pechino, lasciate per un attimo i grandi palazzi imperiali e perdetevi tra gli *hutong* (胡同). Come vi ho già accennato, sono i vicoli tradizionali della città, spesso stretti e tortuosi, dove si respira ancora la vita di una volta, tra gente seduta fuori casa a chiacchierare e bambini che giocano allegramente in strada. Uno dei miei preferiti è **Nanluoguxiang** (南锣鼓巷): sì, è un po' turistico, ma ha ancora un'anima vera. E poi è il posto perfetto se vi viene fame mentre

esplorate: ci trovate ogni tipo di street food, dai ravioli fatti al momento ai dolci più assurdi.

Una vista di Hutong dall'alto, non lontano dal lago Houhai

È impossibile lasciare questo quartiere senza aver assaggiato almeno tre cose diverse!

E se volete chiudere la giornata con un momento speciale, fate come me: andate nella zona di **Shichahai** (什刹海), affacciata sul lago **Houhai** (后海). È un quartiere che sembra un po' sospeso nel tempo, con ponticelli, barchette e un sacco di locali con musica dal vivo. Al tramonto diventa uno spettacolo: i riflessi sul lago, le luci che si accendono piano piano... è uno dei miei posti del cuore a Pechino. E la sera, se vi va, potete anche fermarvi lì per bere qualcosa: la vita notturna è viva ma rilassata, perfetta per una serata magica.

VA BENE LA TRADIZIONE: MA GLI ACQUISTI?

Se amate lo shopping e la frenesia cittadina, a Pechino avrete solo l'imbarazzo della scelta. Passando dai vicoli alle strade più grandi e animate, sono davvero tanti i posti in cui divertirvi con gli acquisti e assaporare l'energia della metropoli, tra bancarelle, negozi lussuosi e street food che non finiscono mai.

Una delle mie tappe fisse è **Qianmen** (前门), una delle vie più storiche e iconiche della capitale. Qui si viene per i souvenir – ce n'è davvero per tutti i gusti – ma anche per lo street food: spiedini, ravioli, dolci cinesi... è impossibile resistere!

Il bello di Qianmen è che riesce a mescolare il fascino antico con la vitalità di oggi. E poi è proprio a due passi da Piazza Tienanmen, quindi perfetta per una sosta dopo una giornata di esplorazione.

Un'altra zona che vi consiglio è **Wangfujing** (王府井): è un viale gigantesco, il regno dello shopping in tutte le sue forme. Qui trovate i centri commerciali e i brand più famosi, ma anche bancarelle con gli oggetti più curiosi, perfetti per un ricordo originale.
Infine, se preferite atmosfere un po' più rilassate, creative e magari la possibilità di assaporare un buon tè, vi consiglio la zona intorno al **Tempio dei Lama** (Yonghe Gong 雍和宫), il più grande tempio buddista tibetano della città. Qui, oltre al tempio in sé che merita davvero una visita, trovate tante caffetterie tradizionali e piccole botteghe artigianali, ideali per una pausa tranquilla o per curiosare tra oggetti fatti a mano e stampe artistiche.

COSA MANGIARE A PECHINO (E DOVE FARLO DAVVERO BENE)

Va bene l'arte, la storia, i monumenti, lo shopping, ma a Pechino si viene anche per mangiare. A essere precisi, per mangiare cibi che non trovereste da nessun'altra parte al mondo. Sì, ok, l'anatra alla pechinese è famosissima e tutti ne parlano, ma fidatevi: questa città ha molto, molto di più da offrire a tavola. Qualcosa vi ho già accennato, ma ora è il momento di un piccolo tour tra piatti tipici, colazioni indimenticabili e street food audaci – con tanto di indirizzi collaudati.

Un avvertimento prima di iniziare: in Cina il piccante non è un'opzione. Se proprio non amate il fuoco in bocca, fatevi scrivere su un foglietto

不要辣 (bu yao la)

che in italiano vuol dire «senza piccante», e riuscirete a salvarvi da situazioni... come dire... un po' estreme!

COLAZIONE ALLA VECCHIA MANIERA PECHINESE

Una delle esperienze da provare assolutamente è la colazione tipica da **Bai Kui Laohao Fanzhuang** (白魁老号饭庄), un locale storico che sembra uscito da un film sulla vecchia Pechino. Pagando l'equivalente di poco più di 5 euro potrete mangiare da veri imperatori.

Il mio piatto preferito? Si chiama **Mending Roubing** (门钉肉饼), ed è una focaccia ripiena di manzo talmente succosa che, se chiudi gli occhi, ti sembra di mordere dieci ravioli tutti insieme. Il nome significa «chiodo della porta», e infatti ha una forma tonda che ricorda i pomelli delle porte tradizionali.

Poi tocca provare il **Miancha** (面茶), che letteralmente significa «tè di farina», ma in realtà è una specie di porridge di miglio denso, con salsa di sesamo, pepe e sale. Si beve direttamente dal piatto, ruotandolo

come se fosse una ciotola magica. Un po' insolito, ma vi assicuro: esperienza mistica.
È il turno del **Zha Gao** (炸糕), gnocco fritto con marmellata di fagioli rossi azuki: croccante fuori, dolce e morbido dentro. Una carezza.
E vogliamo parlare degli **Shao Mai** (烧麦)? Sembrano fiori di loto, ma sono ravioli ripieni di manzo, da accompagnare con l'aceto cinese – che vi dico già: non è salsa di soia, anche se la bottiglia sembra la stessa. Quando entrate in un locale, state molto attenti a non confonderli!

Per finire, il **Dou Zhi** (豆汁), ovvero il famigerato «latte di fagioli mungo fermentati». Sapore? Diciamo che... è un test di coraggio. Sa un po' di succo gastrico, per capirci. Ma fa parte della tradizione culinaria pechinese (ha una storia di oltre 300 anni) e va provato, almeno una volta! Io ho resistito solo grazie ai **Jiao Quan** (焦圈), anelli fritti super croccanti perfetti per accompagnarlo.

E se questa colazione vi ha fatto venire voglia di esplorare ancora, sappiate che ci sono altri posti dove vivere un'autentica mattinata pechinese da vero local. Un nome su tutti è **Yinsan Douzhi** (尹三豆汁), così famoso per il suo Dou Zhi che è entrato persino nella Guida Michelin dal 2020. Se volete mettere alla prova il vostro coraggio (e il vostro palato) con il famoso latte di fagioli, questo è il posto giusto. Oppure fate un salto da **Hu Guo Si Xiaochi** (护国寺小吃): qui non solo si fa colazione come la gente del posto, ma si trovano anche tantissime altre specialità tipiche della cucina di Pechino.

NOODLES STELLARI (E STELLATI)

Restando nello stesso quartiere, vi consiglio di fermarvi in un posto davvero speciale: **No.69 Fang Zhuan Chang Zhajiangmian** (方砖厂69号炸酱面). Per capirci, questo locale è stato inserito per ben sei anni di fila nella **Guida Michelin** (dal 2020 al 2025). Qui mangerete del **Zhajiang Mian** (炸酱面) come si deve: in sostanza si tratta di un piatto di noodles

freschi fatti a mano, conditi con salsa di soia fermentata e carne macinata. Sopra, una selezione di verdure croccanti: germogli di soia, cetrioli, cavolo e rapa viola. Il tutto risulta cremoso, delicato, soddisfacente. Se volete un tocco in più, aggiungete un po' di salsa piccante e diventa una bomba. Ah, e da bere? Un classico: **yogurt pechinese** bello fresco. Come contorno, potete provare il **Laba Suan** (腊八蒜), aglio sott'aceto, leggermente pungente; lo troverete a vostra disposizione sul tavolo, gratis, quindi potrete assaggiarlo senza nemmeno doverlo ordinare.

Prezzo totale: 30 yuan, cioè circa 3,70 euro.
Sì, avete capito bene.

L'ANATRA ALLA PECHINESE (MA QUELLA VERA)

La cucina di Pechino ha un nome di riferimento: **Quan Ju De** (全聚德). Più che un ristorante, un'istituzione. I prezzi sono senz'altro un po' più alti rispetto ai posti che vi ho consigliato finora, ma per gli standard occidentali resta comunque abbordabilissimo. Tra vari piatti squisiti, troverete anche un **Beijing Kaoya** (北京烤鸭), ovvero l'anatra laccata con il miele, come da tradizione. Per capirci, si tratta di un Bao Bing (una specie di crêpe sottilissima), da farcire con carne, cetriolo, cipollotto e boom – vi esplode in bocca un equilibrio perfetto tra dolce, salato e umami. Inoltre, vicino alle salse e i vari condimenti, troverete anche dello zucchero, e sicuramente vi verrà da pen-

sare: «Ma io che ci faccio con questo?». Il fatto è che l'anatra risulta molto grassa, perciò potete immergere la pelle nello zucchero, così da attutire il sapore pesante del grasso.

Alla fine, vi daranno anche una cartolina ricordo con il numero esatto dell'anatra che avete mangiato!

Se cercate alternative un po' più local ma comunque super valide, segnatevi anche **Si Ji Min Fu Kaoya Dian** (四季民福烤鸭店) e **Xiao Da Dong Kaoya** (小大董烤鸭): fanno un'anatra alla pechinese di tutto rispetto, amatissima anche dalla gente del posto.

UNA PASSEGGIATA TRA *HUTONG*, STREET FOOD E… INTERIORA!

Se volete provare uno street food davvero tradizionale, il mio consiglio è di fare un giro fra gli *hutong* di Qianmen. Tra lanterne rosse, insegne luminose e un'atmosfera d'altri tempi, troverete un posticino che vi resterà molto impresso: **Men Kuang Hutong Bai Nian Lu Zhu** (门框胡同百年卤煮).

Qui ho provato il **Lu Zhu Huo Shao** (卤煮火烧), a base di interiora di maiale, tofu e focaccia in un brodo intenso e aromatico.

Attenzione:
non è un piatto per tutti, ha un sapore deciso e una consistenza, diciamo così, «interessante». Ma chi apprezza questo genere di piatti, e vuole andarsene con un ricordo autentico, lo amerà.

Ma Pechino non è solo street food estremo! Ci sono altri due piatti imperdibili, forse meno audaci ma altrettanto legati alla storia e alla cultura della città.

Zhizi Kaorou (炙子烤肉)

Il barbecue alla pechinese: questo piatto si prepara su una piastra di ferro pesante chiamata *zhizi*, leggermente rialzata al centro e più bassa ai lati. In pratica, consente al grasso di scolare via senza finire sul fuoco, così la carne non si brucia, ma rimane tenera e gustosissima. Il tutto è cotto con carbone acceso, proprio come si faceva nella Pechino imperiale, dato che il piatto nasce durante la dinastia Qing ed era inizialmente riservato alle famiglie nobili. Col tempo è diventato

amatissimo anche dal popolo, ma attenzione, serve un bravo cuoco! Per ottenere un risultato davvero buono, bisogna saper gestire fuoco, taglio e condimenti con grande maestria. Se volete provarlo nel modo più fedele alla tradizione, vi consiglio due indirizzi speciali: **Kao Rou Liu Qingzhen Lao Beijing Zhizi Kao Rou** (烤肉刘.清真老北京炙子烤肉) e **Ba Qi Kao Rou** (八旗烤肉).

Beijing Huo Guo (北京火锅)

Si tratta dell'hot pot di montone, detto anche ***Shuan Yangrou*** (涮羊肉). Se avete già provato l'hot pot di Chongqing (piccante, rovente e adrenalinico: avremo modo di parlarne!), preparatevi a un'esperienza completamente diversa. A Pechino, l'hot pot è più delicato, più pulito nei sapori. Al centro del tavolo c'è una pentola con brodo leggero (spesso è semplice acqua aromatizzata con qualche spezia), in cui si scottano fettine sottilissime di carne di montone. Il bello arriva con la salsa per intingere: una base di sesamo, aglio tritato, aceto, coriandolo e altri condimenti

leggeri, per non coprire il gusto naturale della carne. Questo tipo di hot pot punta tutto sulla freschezza e fragranza degli ingredienti, ed è perfetto per chi vuole qualcosa di più gentile rispetto alle fiammate di peperoncino del Sud. Anche in questo caso, vi lascio tre ristoranti dove gustarlo come si deve: **Nanmen Shuanrou** (南门涮肉), **Jubaoyuan** (聚宝源) e **Donglaishun Fanzhuang** (东来顺饭庄).

STREET FOOD NELLA ZONA MUSULMANA DI PECHINO

Se volete scoprire un lato diverso e meno conosciuto di Pechino, non potete perdervi una passeggiata nella zona di **Niu Jie** (牛街), il **quartiere musulmano**. Respirerete subito un'atmosfera diversa, tra bancarelle fumanti, moschee in stile cinese e profumi speziati nell'aria! È qui infatti che vive parte della comunità **Hui**, una delle 56 minoranze etniche ufficialmente riconosciute in Cina, che pratica la religione islamica: rispetto alla maggioranza degli abitanti di Pechino, che appartiene all'etnia Han (la principale della Cina), gli Hui rappresentano circa il 4,6%, ma hanno lasciato un segno importante, soprattutto in cucina.

Le chicche da assaggiare sono parecchie, a partire dal **Lü Da Gun** (驴打滚), un dolce gommoso a base di farina di riso glutinoso, ripieno di fagioli rossi. Il nome significa «asino che si rotola», e potrebbe infatti ricordare un asino che si rotola nella sabbia e nel fango. Vi giuro che, una volta provato, non ve lo dimenticate.

Da non perdere i **Jiang Mi Niangao** (江米年糕), gnocchi appiccicosi di riso glutinoso con pasta di fagioli rossi azuki e biancospino cinese (un frutto che qui utilizzano molto), e il **Baodu Fen** (爆肚粉), trippa di manzo o pecora con spaghetti di soia, salsa di sesamo e una bella botta di piccante. Infine, valgono un assaggio anche gli «arrosticini» cinesi: spiedini di pecora, tenerissimi e speziati, serviti croccanti alla griglia.

Insomma, mangiare a Pechino è un'esperienza che non vi scorderete facilmente! Ce n'è davvero per tutti i gusti (e consistenze). Dai grandi classici come l'anatra laccata ai piatti più audaci, ogni cibo ha una storia e un quartiere che lo ha reso speciale. E credetemi, qui potete mangiare benissimo spendendo davvero poco. Basta tenere a mente una cosa: lasciatevi guidare dalla curiosità.

E se vi state chiedendo se ho davvero bevuto tutto il Dou Zhi... diciamo che ci ho provato con onore. Ma non giudicatemi se ho lasciato qualche sorso nel piatto, ok?

Tappa Jolly: UNIVERSAL STUDIOS

Lo sapevate che a Pechino è possibile incontrare un T-Rex, camminare per le vie di Hogsmeade sorseggiando una Burrobirra e scappare da un robot dei Transformers... tutto nello stesso giorno?

Non scherzo: vi basterà mettere piede nell'Universal Studios Beijing.

È uno dei soli tre parchi Universal di tutta l'Asia e si raggiunge facilmente in metro, con la **Linea 1**. Dato che dista circa un'ora e mezza dal centro, il mio consiglio è di arrivare presto (apre alle 9 e chiude alle 21) e di passarci tutta la giornata, perché è davvero gigantesco. Alcune attrazioni, inoltre, potrebbero richiedere anche code piuttosto lunghe, quindi c'è da portare un po' di pazienza, ma vi assicuro che l'attesa sarà ripagata: le aree tematiche sono tantissime, diverse e davvero spettacolari. **Jurassic World**,

per esempio, vi regalerà una vera immersione nel Giurassico, mentre per chi ama le montagne russe la zona **Transformers** è sicuramente una delle più adrenaliniche. Se invece state ancora aspettando la civetta con l'emozionante lettera di ammissione a Hogwarts, e siete proprio certi di non averla ancora ricevuta solo per chissà quali ritardi nel traffico aereo, è il caso di fare un giro nell'area **Harry Potter**, che vi farà sentire apprendisti maghi almeno per un giorno. Infine, se avete bambini o cercate semplicemente qualcosa di più tranquillo, vi suggerisco le zone di **Cattivissimo Me** e **Kung Fu Panda**, super colorate e pensate per tutta la famiglia.

SE AVETE VOGLIA
DI STACCARE UN PO'
DALLA STORIA IMPERIALE
E GODERVI UNA TAPPA
SPECIALE,
GLI UNIVERSAL STUDIOS
SONO IL POSTO GIUSTO!

LE STAZIONI FERROVIARIE A PECHINO

tante, più di quelle che immaginate!

Questa città, ormai lo saprete, è enorme, e lo stesso vale per le sue stazioni ferroviarie. In tutto sono sette, ma ecco quelle che vi capiterà di usare più spesso (e come capire quale scegliere in base alla destinazione o al tipo di treno):

STAZIONE DI PECHINO

Beijing Zhan (北京站)

- La più storica tra tutte, perfetta se volete prendere un treno notturno o uno dei famosi «treni verdi».
- Qui trovate soprattutto treni ordinari (sigle Z, T, K), ma anche qualche alta velocità.
- Ottima per partire verso il Nord-Est del Paese: Harbin, Shenyang, Changchun e perfino la Mongolia interna.
- Ci arrivate con la Linea 2 della metro.

STAZIONE DI PECHINO OVEST

Beijing Xi Zhan (北京西站)

- Una delle più grandi e trafficate: qui trovate un po' di tutto, dai treni ordinari a quelli super veloci.
- Ottima per chi viaggia verso sud o sud-ovest: Guangzhou, Chongqing, Chengdu, Xi'an...
- Ci arrivate con le Linee 7 e 9 della metropolitana.

STAZIONE DI PECHINO SUD

Beijing Nan Zhan (北京南站)

- La patria dei treni ad alta velocità (sigle G e C), è il punto di partenza della linea Pechino-Shanghai.
- Da qui partono treni per Tianjin, Nanchino, Jinan, Qingdao...
- Collegata con le Linee 4 e 14 della metro.

STAZIONE DI PECHINO CHAOYANG

Beijing Chaoyang Zhan (北京朝阳站)

- Modernissima e solo per treni veloci, è la base della linea ad alta velocità Pechino-Harbin.
- Serve principalmente il Nord-Est della Cina: Shenyang, Changchun, Harbin.
- Raggiungibile comodamente con la Linea 17 della metropolitana.

STAZIONE DI PECHINO NORD

Beijing Bei Zhan (北京北站)

- Perfetta per escursioni brevi o per visitare la Grande Muraglia: è infatti la stazione da cui parte il treno per Badaling, uno degli accessi più famosi della struttura.
- Trovate treni ad alta velocità (sigle G, D, S), soprattutto verso He Bei, Shanxi, Shaanxi, Mongolia interna, e i treni suburbani per località nei dintorni.
- Collegata alle Linee 2, 4 e 13 della metro (fermata Xi Zhi Men 西直门).

DA PECHINO IN AEREO

Gli aeroporti della città

AEROPORTO INTERNAZIONALE DELLA CAPITALE – PEK

Shou Du Guo Ji Ji Chang (首都国际机场)

È l'aeroporto storico di Pechino, usato soprattutto per i voli internazionali e ancora oggi il più trafficato.

- Il modo più comodo per arrivarci è con la Airport Express: parte da Dongzhimen o Sanyuanqiao e vi lascia direttamente ai terminal T2 e T3 in circa 30 minuti.
- Se invece viaggiate carichi di bagagli c'è sempre l'opzione taxi o Didi (l'Uber cinese): dal centro ci vogliono 40-60 minuti, traffico permettendo.

AEROPORTO INTERNAZIONALE DAXING – PKX

Da Xing Guo Ji Ji Chang (大兴国际机场)

Moderno, futuristico e parecchio fuori mano, ma anche super organizzato.

- Ci si arriva velocemente con la Daxing Airport Express: parte da Caoqiao (collegata con la Linea 10 e 19) e arriva al terminal in 20-30 minuti.
- In alternativa, potete prendere il treno ad alta velocità Jingxiong Chengji dalla stazione di Pechino Ovest, che ci mette poco più di 20 minuti.
- Oppure, come sempre, Didi o taxi, ma tenete presente che il tragitto dal centro dura anche fino a 80 minuti.

L'aeroporto di Da Xing

西安市

XI'AN
IL CUORE ANTICO DELLA CINA

Se amate la storia, ma anche lo street food; se vi emozionate davanti a migliaia di statue antiche, ma pure davanti a una bella focaccia appena sfornata; se volete scoprire l'antica Cina imperiale, ma anche i vicoli pieni di lanterne colorate e sapori speziati... che dire, Xi'an è proprio il posto giusto per voi!
Questa città è oggi giustamente famosa per il suo Esercito di Terracotta – e ci mancherebbe! – ma fidatevi di me, c'è molto di più da scoprire. Un tempo si chiamava **Chang'an** ed è stata per secoli la capitale imperiale: da qui partiva la **Via della Seta**, e questo l'ha resa una vera città di scambio e incontro, dove si mescolavano culture, religioni, sapori. E questa anima aperta la si respira ancora oggi nei templi e nelle moschee, nei quartieri storici, nei vicoli pieni di vita, ma soprattutto nel cibo. Ragazzi, per capirci: si mangia da Dio – dai piatti tradizionali a quelli più inaspettati. Ma vediamo una meraviglia alla volta.

LA CINTA MURARIA

L'ESERCITO DI TERRACOTTA

LA GRANDE MOSCHEA

Storia millenaria... e cucina incredibile!

LA PAGODA GRANDE

LA TORRE CAMPANA

L'ESERCITO DI TERRACOTTA
Bing Ma Yong (兵马俑)

Una tappa obbligatoria. Lo so, lo dicono tutti, ma vi assicuro che vedere l'Esercito di Terracotta con i propri occhi è tutta un'altra cosa. Io ci sono stato la prima volta di mattina presto, appena aperto (verso le 8:30), e vi consiglio di fare lo stesso: vi godrete questo posto incredibile senza le folle dei gruppi turistici.

La prima impressione? Una distesa immensa di statue, tutte diverse!

Ogni soldato ha un volto unico, con dettagli così precisi che sembrano scolpiti ieri: pieghe dei vestiti, suole delle scarpe, nodi, acconciature, armature. C'è di tutto: balestrieri, cavalleria, arcieri, carri da guerra, ufficiali – tutti posizionati in modo strategico, come se fosse una vera e propria difesa militare per respingere un eventuale attacco. Ma ci trovate perfino acrobati, musicisti e animali come gru e anatre. Perché sì, l'imperatore **Qin Shi Huang** non vole-

OGNI STATUA...

... È DIVERSA

va solo un esercito nell'aldilà, bensì proprio un impero completo. Intrattenimento incluso.
Ma facciamo un passo indietro. Parliamo di più di 2200 anni fa: Qin Shi Huang fu il primo imperatore della Cina unificata. Per proteggere il suo impero ordinò la costruzione della Grande Muraglia, ma era anche ossessionato dall'immortalità: prendeva una quantità esagerata di medicine per allungarsi la vita – ironia della sorte, morì proprio per quello. A 13 anni aveva già iniziato a costruire il proprio mausoleo: doveva essere il più grande mai visto, e in effetti lo è stato. Poi, dopo la sua morte, arrivò una guerra civile e la sua tomba si perse nel tempo, per oltre duemila anni. Fino al **1974**, quando alcuni contadini che stavano scavando un pozzo si sono imbattuti in un tesoro che ha cambiato la storia.
A oggi sono state ritrovate più di **8000 statue**, ma ne sono state riassemblate «solo» 1200: molte erano distrutte, e per ricomporne una ci vogliono circa tre anni di lavoro. Pensate che in origine non avevano queste tinte sabbiose, erano anzi tutte coloratissime, con tuniche rosse, armature blu, dettagli neri o verdi! Per decenni si è pensato che quei co-

lori si fossero semplicemente sbiaditi nel tempo per via dell'ossidazione. Ma la verità è un po' più complicata (e sfortunata): quando le statue vengono riportate alla luce, si stacca lo strato di lacca che serviva da base per la vernice... e con quello se ne va anche il colore. Una vera tragedia per gli archeologi, che oggi stanno lavorando su nuove tecniche per riuscire a salvare i colori originali nelle prossime scoperte. Piano piano, pezzo dopo pezzo.

E SE VI STATE CHIEDENDO COME MAI NON CI SI PUÒ AVVICINARE TROPPO ALLE STATUE, LA RISPOSTA È... ANCHE IN QUESTO CASO MOLTO UMANA

Fino a qualche anno fa, si potevano ammirare da distanza ravvicinata. Poi, nel 2006, uno studente tedesco di nome Pablo Wendel ha pensato bene di travestirsi da statua e mimetizzarsi tra i guerrieri per ore intere. Nessuno se n'è accorto finché non ha mosso un braccio. Da allora, le autorità hanno deciso di aumentare i controlli e spostare le recinzioni molto più lontano.

Ma va bene così: basta uno sguardo dall'alto per capire che questo posto è... fuori dal tempo.

QUARTIERE HUI (Hui Min Qu 回民区): UN ALTRO VOLTO DI XI'AN

Abituato alla cultura Han – che poi è l'etnia più diffusa in Cina –, entrare nel quartiere Hui è stato come cambiare Paese all'improvviso. Qui si respira un'atmosfera completamente diversa: Xi'an è anche questo, un crocevia culturale dove l'Islam è arrivato via terra, lungo la Via della Seta, ed è rimasto profondamente intrecciato con la storia locale.

Passeggiando tra le stradine, noterete subito alcuni dettagli: uomini con il tipico cappellino bianco rotondo, donne col velo, e soprattutto un profumo continuo di spezie, pane appena sfornato, carne arrosto. Di sera poi il quartiere prende davvero vita! Le luci accese della Torre del Tamburo e della Torre della Campana fanno da sfondo a una marea di ristorantini e banchi di street food halal, con venditori che urlano per attirare clienti.
Un consiglio? Andateci affamati. Non c'è posto migliore per assaggiare le specialità tipiche della cucina Hui (di cui vi svelerò qualcosa tra poco).

TORRE DEL CUORE

CORTILE

LA GRANDE MOSCHEA DI XI'AN

Da Qing Zhen Si (大清真寺)

Proprio nel quartiere musulmano, segnatevi questa tappa imperdibile: la Grande Moschea di Xi'an. È la più antica e la più grande della città, con oltre 1200 anni di storia sulle spalle. Ma non aspettatevi l'architettura tipica delle moschee mediorientali: qui, come vi dicevo, l'Islam incontra l'estetica tradizionale cinese. Vi troverete davanti a edifici con tetti a pagoda, giardini curati e cortili silenziosi, dove ogni dettaglio è un incontro perfetto tra calligrafie arabe e simmetrie da palazzo imperiale.

È ancora oggi un luogo di culto molto attivo, quindi l'accesso per i turisti è limitato alle aree esterne. Si possono visitare i cortili, ma le sale di preghiera sono riservate ai fedeli. Anche solo passeggiando tra questi spazi si percepisce qualcosa di speciale: quanto l'Islam sia radicato nella storia cinese e come, nel tempo, si sia fuso con la cultura locale in una sintesi davvero unica nel suo genere.

Da Tang Bu Ye Cheng (大唐不夜城)
(OVVERO «LA DINASTIA TANG CHE NON DORME MAI»)

Il nome già dice tutto: Da Tang Bu Ye Cheng è una via pedonale immensa (e bellissima) che si trova proprio di fronte alla Grande Pagoda dell'Oca Selvatica. Se ci andate la sera, preparatevi a rimanere a bocca aperta: si accende di luci, spettacoli e installazioni dedicate alla dinastia Tang, l'epoca d'oro della Cina, quando Xi'an si chiamava ancora Chang'an ed era la capitale dell'impero.
Lungo la strada incontrerete statue che rappresentano scrittori e imperatori del passato, performance gratuite, e persino fontane, diciamo così, «interattive»... Non so se sia magia, tecnologia avanzatissima o solo suggestione, ma l'ultima volta che ci sono stato ho visto un gruppo di persone urlare a squarciagola davanti a una fontana – e giuro che i getti d'acqua si alzavano davvero!

PER LE STRADE

Di notte è ancora più bella!

Una signora mi ha spiegato che più urli forte, più l'acqua sale... sarà vero? Provate e fatemi sapere!
E poi c'è la coppia di misirizzi umani: due ragazzi vestiti con abiti storici, immobili come statue... fino a quando non si mettono a dondolare, avanti e indietro, come se iniziassero una strana danza ipnotica. E sì, c'è sempre una fila lunghissima per arrivare a toccare le loro mani – ma, diciamolo, non è per la fortuna (non c'è alcuna leggenda antica dietro). È semplicemente un momento da filmare, perfetto per postare il video sui social con sottofondo epico.
In ogni caso, che ci crediate o no, una passeggiata qui è un tuffo nel passato condito con un pizzico di magia pop. Assolutamente da non perdere.

LA CINTA MURARIA DI XI'AN

Cheng Qiang (城墙)

Se amate camminare (o pedalare), questa è la tappa giusta per voi: la cinta muraria di Xi'an è uno dei sistemi difensivi antichi meglio conservati della Cina, lunga ben 14 chilometri. Si può percorrere a piedi oppure in bicicletta, e a differenza della Grande Muraglia, che è tutta un continuo saliscendi, qui siamo in piano: perciò non è troppo faticosa. Si trova a 12 metri d'altezza, e mentre camminate vi

permette di vedere tutta la città storica da una prospettiva completamente diversa.
Io sono salito dalla Porta Sud, Yong Ning Men, attraversando un vecchio ponte levatoio sopra un fossato che, ai tempi, serviva a tenere lontani gli invasori. Proprio lì si affaccia una torre piena di finestre: ogni apertura era pensata per il lancio delle frecce. Chissà cosa penserebbero oggi i soldati di guardia, se sapessero che su quelle stesse mura ora passeggiano turisti armati solo di bottigliette d'acqua...
A tratti, camminare lassù è come entrare in una bolla fuori dal tempo: in certi momenti il silenzio è quasi irreale, interrotto magari solo da qualche suono lontano. In uno di quei momenti, vicino a un angolo meno affollato, ho sentito arrivare dei canti di opera cinese da una finestrella. Zoomando con la telecamera del cellulare, ho scoperto che era una piccola casa da tè, nascosta, probabilmente frequentata da gente del posto.

Insomma, se volete smaltire una colazione o un pranzo troppo abbondante con una passeggiata magica, ve lo consiglio di cuore!

MUSEO DELLA STORIA DI SHAANXI
Shanxi Lishi Bowuguan (陕西历史博物馆):
UN TUFFO TRA LE DINASTIE

Se volete farvi un'idea di quanto sia antica la storia di Xi'an, fate un salto al Museo della Storia di Shaanxi. È uno dei musei più importanti della Cina, e conserva più di **1,7 milioni di reperti**. A differenza dell'Esercito di Terracotta, che si concentra solo sulla dinastia Qin, qui trovate testimonianze anche delle dinastie Zhou, Han e soprattutto Tang. E proprio girando tra le sale dedicate alla dinastia Tang, mi è capitato di avere un piccolo «momento di rivelazione»: sapete quei souvenir di donne in carne, con vestiti elegantissimi e super colorati che si vedono ovunque a Xi'an? Ecco, ora so qual è l'origine! Durante l'epoca Tang, le donne formose erano considerate l'ideale di bellezza, simbolo di eleganza e ricchezza.

In epoca Tang, le donne godevano di molti diritti e avevano ruoli di spicco nella società!

Come vi accennavo, tutta questa ricchezza culturale che si è accumulata nei secoli, dalle dinastie imperiali ai commerci lungo la Via della Seta, non è rimasta solo nei monumenti o chiusa nelle teche di un museo... è finita anche nei piatti!

E così, salutati i reperti e le dinastie, vi consiglio di fare quello che ho fatto io: seguire il profumo. Perché a Xi'an la storia si racconta anche attraverso il pane spezzettato, i noodles larghi come cinture e le zuppe fumanti delle colazioni locali. Insomma, preparatevi: il viaggio nel gusto sta per cominciare.

西安市

XI'AN
CAPITALE DEL GUSTO (E DEI CARBOIDRATI)

Noodles, pani e focacce ripieni, dolci e impasti di ogni genere: nella cucina di Xi'an i carboidrati sono ovunque, ma valgono ogni morso. Di seguito vi suggerisco un itinerario del tutto personale tra le varie squisitezze di questa città.

Prima di cominciare, però, un consiglio: la città d'estate è un forno vero e proprio – quindi se ci venite in quel periodo, portate crema solare, cappello e acqua sempre a portata di mano, altrimenti passeggiare sarà impossibile!

Se volete iniziare la giornata come dei veri abitanti del posto, la sveglia va puntata presto: dalle 6 alle 9 del mattino, il posto giusto dove andare è il **Xiao Nan Men Bian Min Zao Shi** (小南门便民早市), ovvero il mercato mattutino della «Porta Piccola a Sud», nei pressi dell'angolo sud-ovest delle mura.
Io ho provato una versione speciale del famoso **Rou Jia Mo** (肉夹馍), la leggendaria focaccia ripiena di carne: nello specifico, si trattava di uno **Zhouzi Jia Mo** (肘子夹馍), con stinco di maiale, peperoni e cipolla. Delizioso, ma va detto che questa è una reinterpretazione moderna, non la versione tradizionale. Il Rou Jia Mo classico viene considerato una delle prime forme di panino con carne della storia cinese, con oltre duemila anni di storia (un vero e proprio antenato dell'hamburger!), e se volete assaggiarlo vi consiglio due tappe imperdibili: **Qin Yu Rou Jia Mo** (秦豫肉夹馍) e **Zi Wu Lu Zhang Ji Rou Jia Mo Cui Hua Lu Dian** (子午路张记肉夹馍 翠华路店).

Da bere, potete ordinare un Moli Doujiang (茉莉豆浆), latte di soia al gelsomino, da accompagnare con un Jing Gao (甑糕): riso glutinoso con marmellata di giuggiole e fagioli, dolce e leggermente aspro.

Un altro posto per una colazione tradizionale è **Xiaojia Mahua Youcha** (小贾麻花油茶): fino alle 11 del mattino (non più tardi, mi raccomando!) potete provare la zuppetta densa **Youcha Mahua** (油茶麻花), fatta con farina cotta e servita con treccine fritte, soia, arachidi, varie spezie e scaglie fritte croccanti. Costa solo 4 yuan: meno di 50 centesimi di euro!
Inoltre, non fatevi mancare un bel cappuccino al **Wanfeng Coffee** (晚风观景茶咖酒馆). All'ingresso vi accoglie niente meno che un soldato di terracotta con un ventaglio in mano, e sulla schiuma del cappuccino troverete spesso stampato l'ideogramma di «Chang'an», l'antico nome della città. Una piccola chicca per chi ama i dettagli.

Tra una passeggiata e l'altra la fame viene facilmente, e allora tanto vale fermarsi a provare un **Yangrou Paomo** (羊肉泡馍), il piatto simbolo della città. Letteralmente significa «pane inzuppato nell'agnello»: si tratta di spezzettare a mano del pane non lievitato (a pezzi non troppo spessi, mi raccomando), metterlo in una ciotola e consegnarlo al personale, che lo restituirà immerso in un brodo ricco di carne

d'agnello. C'è anche una versione con manzo chiamata **Niurou Chao Paomo** (牛肉炒泡馍). Il posto giusto per provarlo? **Yong Sheng Zhai** (永盛斋), molto amato dalla gente del posto. C'è pure una leggenda dietro: si racconta che l'imperatore fondatore della dinastia Song, in un periodo di povertà, si ritrovò con solo due pezzi di pane secco. Vedendo una macelleria che bolliva del brodo di montone, chiese al proprietario una ciotola per inzupparli... e da lì nacque il piatto!

Altro grande classico sono i **Biang Biang Mian**: noodles larghi come cinture (il nome alternativo è infatti **Ku Dai Mian**, 裤带面). Il carattere «biang» è famosissimo in Cina perché è il più difficile da scrivere, con decine di tratti. Il nome deriva dal suono che fanno i noodles quando vengono sbattuti sul tavolo durante la preparazione.

Il mio consiglio? Non indossate magliette bianche, perché tra pomodoro, peperoncino e carne di manzo gli schizzi sono assicurati!

In un locale che personalmente adoro, **Zheng Zong Ku Dai Mian**, nella sede di **Zhu Ba Shi** (正宗裤带面 竹笆市店), un piattone di questi noodles costa solo 16 yuan, circa 2 euro. Si trova all'interno di un quartiere residenziale, lontano dalle zone più turistiche. È un locale piuttosto spartano: vi serviranno i noodles in una bacinella d'acciaio e vi faranno accomodare fuori, seduti insieme ad altri clienti ai tavolini condivisi. Niente fronzoli, ma tanta sostanza. Un altro indirizzo da segnare per chi vuole assaggiare i Biang Biang Mian è **Ai Hua Ku Dai Mian Guan**, in cinese 爱骅裤带面馆 (总店). Anche qui il posto è molto semplice, ma i noodles sono belli saporiti e abbondanti.

Se vi viene voglia di tornare per una seconda colazione o un pranzo da veri intenditori, segnatevi questo nome: **Ma Hong Xiao Chao Paomo Guan** (马洪小炒泡馍馆). Un posticino semplice, spesso pieno di gente del posto – il che è sempre un ottimo segnale – a due passi dal quartiere Hui.

Al ristorante **Zhu Xuan Min Dami Mianpi** (朱选民大米面皮) potete invece assaggiare due piatti perfetti per una giornata calda: il **Rou Jia Mo** (肉夹馍), focaccia ripiena di carne di maiale, e i **Liang Pi** (凉皮), tagliatelle di amido fredde con condimenti vari. Esistono in due versioni, in amido di riso (**Mi Pi** 米皮) o di grano (**Mian Pi** 面皮). Da accompagnare con una bibita simbolo di Xi'an, la **Bing Feng** (冰峰), piuttosto simile alla nostra Fanta, perfetta soprattutto in una giornata particolarmente afosa.

E se vi viene voglia di replicare l'esperienza, segnatevi anche **Wei Jia Liang Pi** (魏家凉皮), una catena famosissima a Xi'an, con sedi in tutta la città. Qui troverete un Liang Pi davvero gustoso, ma la vera sorpresa è – lo so che non mi crederete – l'hamburger! L'ho provato personalmente e posso confermare: è stupefacente!

Per finire, fate un salto a **Sajinqiao** (洒金桥), un'altra zona piena di street food di ogni tipo. Tra le specialità, il **Niurou Bing** (牛肉饼): una focaccia fritta ripiena di manzo tritato, cipollotto, cumino e pepe del Sichuan.

E se vi piacciono i ravioli, un posto da segnarvi è **Hui Fang Ma Er Jiaozi Guan** (回坊马二饺子馆), dove preparano i **Suantang Shuijiao** (酸汤水饺): ravioli serviti in un brodino aspro e speziato con coriandolo, sesamo, peperoncino e aceto. Ah, un appunto importante: il coriandolo in Cina è ovunque! Se non lo sopportate, imparate questa frase magica: **«Buyao Xiangcai»** (不要香菜), «non voglio il coriandolo».

In alcuni casi vi porteranno a parte anche l'acqua di cottura dei ravioli, perché secondo un detto cinese «L'acqua originaria fa digerire meglio l'alimento». Provare per credere!

Se volete fare due passi dopo cena (o anche prima), **Defu Xiang** (德福巷) è una stradina piena di caffetterie dove si incontrano tradizione e modernità. Perfetta per una serata tranquilla.

Per chi non può fare a meno del dolce, concedetevi un **Gui Hua Gao** (桂花糕), una tortina gelatinosa a base di riso glutinoso e sciroppo di osmanto: coloratissima, dolce, e costa solo 3 yuan (circa 38 centesimi di euro!).

Insomma, ormai l'avrete capito...
Xi'an è molto più di un tuffo nella storia imperiale.

È una città che sorprende a ogni angolo: vi fa restare a bocca aperta davanti all'Esercito di Terracotta, vi permette di camminare sulle sue antiche mura come foste generali della dinastia Tang e poi vi fa venire l'acquolina in bocca con uno street food senza rivali.
È un luogo dove la cultura musulmana si intreccia da secoli con quella cinese, dove persino un raviolo può raccontare una storia, e dove anche solo bere un latte di soia al gelsomino diventa un'esperienza. Se cercate un viaggio che sia un mix di passato e presente, cultura e profumi di spezie, silenzio millenario e mercati affollati... Xi'an fa proprio al caso vostro.

E pure io - ormai avrete capito anche questo - ci ho lasciato un pezzetto di cuore.

LE STAZIONI FERROVIARIE A XI'AN

Velocità per tutti i gusti!

Xi'an ha due stazioni ferroviarie principali. Scegliere l'una o l'altra dipende tutto dal tipo di treno che prenderete... e da quanta fretta avrete!

STAZIONE DI XI'AN

Xi'an Zhan (西安站)

È la stazione storica della città, e si vede: un po' più vecchiotta, un po' più affollata, ma sempre operativa.

- Qui trovate soprattutto treni ordinari (sigle T, K, Z), perfetti se volete risparmiare o fare un viaggio notturno.
- I treni partono verso Pechino, Taiyuan, Chengdu e varie altre destinazioni nel nord-Est e Sud-Ovest.
- La raggiungete con la Linea 4 della metropolitana.

STAZIONE DI XI'AN NORD

Xi'an Bei Zhan (西安北站)

Una delle più moderne della Cina nord-occidentale, è la stazione per i treni ad alta velocità.

- Trovate qui i treni con sigla G e D, velocissimi, puntuali, silenziosi.
- Collega Xi'an a Pechino, Shanghai, Chongqing, Cheng-du, Lanzhou, Wuhan, Zhengzhou e tante altre grandi città.
- Ci arrivate comodamente con le Linee 2, 4 e 14 della metro.

DA XI'AN IN AEREO

Pochi ma buoni (anzi, solo uno)

AEROPORTO INTERNAZIONALE XIANYANG – XIY

Xian Yang Guo Ji Ji Chang (咸阳国际机场)

Un po' fuori città, ma ben collegato.

- Il modo più semplice è prendere la Linea 14 della metro, che collega Xi'an Nord e la fermata Zhenguanlu direttamente all'aeroporto in circa 30 minuti. Perfetto se arrivate in treno.
- Se invece siete in città, potete prendere una delle navette aeroportuali (Ji Chang Da Ba), che partono da diversi punti come Zhonglou o le stazioni ferroviarie. Economiche, ma ci mettono più di un'ora.
- In alternativa, come sempre, il taxi o Didi: ci vogliono circa 45-60 minuti, a seconda del traffico.

L'aeroporto di Xian Yang-Xiy

重庆市

CHONGQING

LA MODERNITÀ «PICCANTE»

Dimenticate ora i fasti imperiali di Pechino e i profumi speziati di Xi'an, perché è arrivato il momento di cambiare completamente scenario. **Chongqing** non assomiglia a nessun'altra città della Cina, ma pure del mondo: posso dire senza dubbio che è uno dei posti più sorprendenti e fuori dagli schemi che vi capiterà di vedere nella vita.

Chongqing è una città che non sta mai ferma, ma nemmeno si accontenta di crescere «in piano»: qui tutto si muove su, giù, dentro, fuori, sotto e sopra. Non per niente la chiamano «**la città magica in 8D**». Già solo camminarci dentro è un'esperienza unica. Un attimo prima pensi di essere al pianoterra, e invece sei al ventesimo piano di un grattacielo. Ti affacci da un ponte e sotto di te passano due strade, un treno e magari pure un fiume.

SU E GIÙ PER CHONGQING

SALA DA TÈ

LANTERNE A SHAN CHENG BU DAO

PARTITA A CARTE PER STRADA

FUNIVIA A BAI XIANG JU

MONUMENTO DELLA LIBERAZIONE

Una città che non sta mai ferma

Io, per esempio, una volta cercavo un ristorantino che sembrava vicinissimo al mio hotel, e invece ci ho messo un'eternità ad arrivare, tra scale, tunnel, salite e indicazioni (per fortuna) date dai locali.

SPOILER: QUI MAPPE E GPS NON SEMPRE DICONO LA VERITÀ.

Questa struttura tutta «a livelli» deriva dalla geografia stessa della città. Chongqing si trova infatti alla confluenza di due fiumi: il **Jialing** e il **Chang Jiang**, che in cinese significa «Fiume Lungo». In Occidente è noto come Yangtze o Fiume Azzurro, perché i primi esploratori ne attraversarono solo un ramo, chiamato appunto Yangtze, scambiandolo per l'intero fiume, e da lì in poi il

Negli angoli nascosti è rimasto tutto fermo alla tradizione...

nome è rimasto. A complicare (e rendere affascinante) il tutto, Chongqing è completamente circondata da montagne: si è così adattata al paesaggio in un modo tutto suo, con grattacieli vertiginosi, scale infinite, funivie sospese, e anche rifugi antiaerei riconvertiti in ristoranti, centri commerciali o gallerie d'arte. E quando pensi di aver capito come orientarti... zac, ti ritrovi sotto un cavalcavia che non avevi mai visto, e che magari è pure un piano sopraelevato.
Ma Chongqing non è solo architettura impazzita. È anche una metropoli che riesce a combinare presente e passato in un modo unico. Da una parte c'è la modernità sfavillante, con skyline, luci al neon, metropolitane ultra veloci, e dall'altra la vita quotidiana dei suoi abitanti, fatta di vicoli stretti, panni stesi alle finestre, rampe ripidissime e mercatini all'angolo. Tutto convive a meraviglia, creando un'atmosfera cyberpunk, ma sempre autentica, mai artefatta.

E poi, ragazzi, il cibo. Il cibo!

A Chongqing potrete mangiare davvero a qualsiasi ora del giorno e della notte, ovunque vi troviate. È una città che non dorme mai – e non vi lascia mai a stomaco vuoto.

SHANGHENG XIAO TANGYUAN

Dalle bancarelle ai ristoranti con vista fiume, ogni angolo è un invito a sedersi e assaggiare qualcosa (di solito molto, molto piccante). Tra poco vi racconto nel dettaglio cosa mangiare e dove, ma intanto un consiglio: per muoversi in città meglio usare la metropolitana, super efficiente e moderna, oppure i taxi. Dimenticate il bike sharing, che io stesso in altre città uso moltissimo, ma che qui comprensibilmente non esiste – con tutte queste salite e scalinate, la bici non è esattamente il mezzo ideale. I mezzi vi porteranno ovunque vogliate andare, anche se il modo migliore per scoprire Chongqing è camminare: a piedi potrete esplorare per bene la sua struttura particolarissima, tra vicoli e scorci impossibili da descrivere a parole.

E se a un certo punto vi sembrerà di non sapere più se siete sopra, sotto o di fianco a qualcosa... tranquilli, è del tutto normale! Chongqing funziona così, e forse è proprio questo il bello. Non resta che lasciarsi trasportare dal suo ritmo, un po' frenetico, ma sempre pieno di energia. Andiamo a scoprirla passo dopo passo.

FUNIVIA SUL FIUME AZZURRO

A Chongqing non si prende solo il bus o la metro... qui si vola, letteralmente! La funivia sul Fiume Azzurro (Chang Jiang) è un vero e proprio «autobus sospeso» tra cielo e acqua. È uno dei modi più affascinanti per attraversare la città, soprattutto al tramonto o di sera, quando le luci si riflettono sull'acqua e regalano un'atmosfera un po' da film. Consiglio: per evitare le code, salite dalla stazione di Shangxinjie verso Xiaoshizi.

HONGYADONG
(洪崖洞)

A proposito di film, se avete visto *La città incantata* dello Studio Ghibli, preparatevi: qui crederete di esserci capitati dentro. Di notte, con le sue luci, Hongyadong pare uscita da una favola. Le strutture a più piani, le scalinate, i ponticelli: tutto sembra sospeso nel tempo. I migliori punti per ammirarla, fidatevi, sono il Ponte Qiansimen o la riva opposta a Jiangbeizui, magari nei pressi del Chongqing Grand Theatre.

MONUMENTO ALLA LIBERAZIONE

Jie Fang Bei (解放碑)

È il cuore pulsante della Chongqing moderna: grattacieli, shopping sfrenato, luci, e soprattutto cibo a volontà. Qui si respira tutta la vitalità di una metropoli in pieno fermento. Se volete percepire fino in fondo il ritmo cittadino, questo è il posto giusto.

LIZIBA

(李子坝)

Questa è una delle cose più assurde che vedrete a Chongqing: una stazione della metro... dentro un palazzo! Non c'è altro modo di dirlo, il treno passa letteralmente attraverso un edificio residenziale. Scendete alla fermata Liziba, uscite e attraversate la strada: vi troverete davanti uno spettacolo che sfida la logica urbanistica. Eppure, a Chongqing, è la normalità!

CITTÀ ANTICA DI CIQIKOU

Ciqikou Guzhen (磁器口古镇)

Se volete fare un salto indietro nel tempo, andate a Ciqikou. Sì, è un po' turistico e commerciale, ma conserva ancora il suo fascino: vicoli in pietra, case su palafitte, vecchie rovine portuali e snack tradizionali che raccontano la storia della Chongqing di una volta. Una passeggiata qui è un tuffo nella cultura portuale del passato.

E la tradizione sopravvive ancora nei vicoletti come questi!

PERCORSI PEDONALI MONTANI

Shancheng Budao (山城步道)

Chongqing è una città che si vive in salita: scale, scalette, scaloni. E qui, tra i percorsi pedonali di montagna, si respira l'autenticità di una città che si arrampica. Perfetti per chi ama esplorare camminando e scoprire angolini nascosti, questi percorsi offrono scorci della vita quotidiana locale, lontani dalle rotte più turistiche.

PIAZZA CHAOTIANMEN
(朝天门广场)

Qui si incontrano due giganti: il Fiume Azzurro e il Fiume Jialing. Guardandoli dall'alto sembrano quasi due gusti diversi di hot pot, con i colori dell'acqua che si mescolano ma non si confondono. Non è un caso che questo punto venga chiamato «la prua della città». Proprio qui vicino sorge il complesso futuristico di Raffles City, con il suo ponte panoramico che offre una vista incredibile (e che, inoltre, ricorda molto il Marina Bay Sands di Singapore, infatti è stato progettato dallo stesso architetto). Il centro commerciale ai piani inferiori merita una visita anche solo per i ristoranti.

BAIXIANGJU
(白象居)

Baixiangju è un gigantesco palazzo di 24 piani senza ascensore – sì, avete capito bene, 24 piani tutti a piedi! È diventato un piccolo simbolo della città, anche perché qui sono stati girati film molto famosi come *Chongqing Hot Pot* e *Better Days*. Passeggiando in mezzo alle sue scale, le stradine che spuntano da piani diversi e la funivia che passa proprio davanti alle finestre, si capisce cosa vuol dire vivere nella

Chongqing «magica e verticale». Dato che è un quartiere vero, con famiglie e persone che lo abitano ogni giorno, mi raccomando: visitatelo con rispetto, in silenzio, come se foste ospiti a casa di qualcuno – perché, di fatto, è così.

GUANYINQIAO
(观音桥)

Quartiere dei negozi per eccellenza: se volete perdervi tra centri commerciali, vetrine colorate, luci al neon e profumi di ristoranti, questo è il vostro angolo di paradiso moderno. Perfetto per un pomeriggio di relax (e shopping).

BAYI HAOCHI JIE
(八一好吃街)

Il nome non mente: «La Via del Cibo Buono». Qui si viene per mangiare, mangiare... e mangiare ancora. Dallo street food più economico ai sapori più tradizionali della cucina di Chongqing, questa via è un tripudio di profumi e sapori. Come sempre in questi casi, il mio consiglio è: arrivate affamati.

Dopo tutto questo su e giù per Chongqing, direi che è il momento perfetto per sedersi a tavola. Lasciamo per un attimo monumenti e panorami e prepariamoci a scoprire una delle cucine più piccanti, intense e irresistibili di tutta la Cina. Pronti a sudare?

重庆市

CHONGQING
IL REGNO DEL PICCANTE

COSA MANGIARE ASSOLUTAMENTE

Diciamolo subito: qui si mangia da Dio.
Se vi sembrerà che molti piatti assomiglino a quelli del Sichuan, avete ragione. Fino al 1997 Chongqing faceva parte proprio di quella provincia, e i due stili di cucina condividono tantissime cose – tipo l'amore per il piccante e per i sapori forti. Ma Chongqing ci mette sempre un tocco suo, e fidatevi: si sente eccome.

HOT POT DI CHONGQING
Chongqing Huoguo (重庆火锅)

Uno dei simboli assoluti della città. L'hot pot qui è una cosa seria: la base del brodo è fatta con grasso di manzo, peperoncini secchi, pepe del Sichuan (quello che pizzica la lingua, chiamato *Ma La* in cinese), salsa di fagioli di soia e un bel mix di spezie, tutto fatto sobbollire piano piano. Una volta pronto, ci si butta dentro un po' di roba: trippa, aorta di maia-

le, sangue d'anatra solidificato (sì, avete letto bene), fettine di manzo, tofu, lattuga cinese, vermicelli… insomma, tutto quello che vi ispira dal menu.
Quando gli ingredienti sono cotti, si intingono in una salsa preparata con olio di sesamo, salsa d'ostrica, aglio tritato, cipollotto e coriandolo – che non solo esalta il gusto, ma aiuta anche ad attenuare il piccante del brodo.

Attenzione: non bisogna avere fretta di mangiare l'hot pot!

È un piatto da gustare con calma. Meglio assaporare gli ingredienti poco alla volta, cuocendoli man mano e mangiandoli subito, anziché gettarli subito tutti insieme nella pentola.

Dove provarlo (posti consigliatissimi):
Zhou Shixiong Chongqing Huoguo (周师兄重庆火锅);
Peijie Lao Huoguo (珮姐老火锅);
Dongting Huoguo (洞亭火锅), la sede nel rifugio antiaereo è un'esperienza unica;
Lu Xiaozhang Lao Huoguo (卤校长老火锅), andate alla sede principale di Guanyinqiao.

NOODLES CON PISELLI E CARNE MACINATA

Wan Za Mian (豌杂面)

Un altro piatto che qui amano alla follia: si mangia a colazione, pranzo, cena, merenda... insomma, sempre. Sono noodles «alcalini», e cioè fatti con acqua speciale che li rende più gialli, elastici e saporiti – perfetti per i condimenti forti della cucina di Chongqing. Vengono serviti asciutti, con una bella base di olio rosso piccante, pepe del Sichuan in polvere, salsa di soia e strutto; sopra ci vanno una purea di piselli stufati e carne di maiale macinata.

Appena ve li servono, dateci dentro con le bacchette: bisogna mescolare tutto con cura, così ogni filo di noodle diventa lucido e pieno di sapore. È un piatto semplice ma super gustoso, e se devo essere sincero... uno dei miei preferiti in tutta la Cina!

Dove assaggiarli:

Huashi Wan Za Mian (花市豌杂面), sede di Minsheng Road;

Shibati Deng Deng Mian (十八梯邓凳面), sede principale di Jiefangbei.

LA CUCINA «DA STRADA» DI CHONGQING

Jianghu Cai (江湖菜)

Qui entriamo nel regno dei sapori forti, intensi e senza compromessi. Il termine «Jianghu» è nato negli anni Novanta per indicare quella cucina un po' rustica e piena di carattere, proprio come Chongqing. Prende spunto dalla tradizione del Sichuan, ma con sapori ancora più intensi: si fa parecchio uso di peperoncino, pepe di Sichuan (appunto), salsa di fagioli di soia e altre spezie.

Il punto è questo: se non amate il piccante...
forse è meglio saltare al dessert.
Ma se invece siete del team «più brucia, meglio è»,
allora siete nel posto giusto.

Ecco qualche piatto che vale la pena cercare:

Lazi Ji (辣子鸡)

Bocconcini di pollo fritto croccante annegati nei peperoncini secchi e pepe del Sichuan. Buonissimo, ma occhio a non masticare per sbaglio un intero peperoncino... o peggio, un grano intero di pepe del Sichuan! Rischiate di trovarvi con la bocca che frizza e formicola come un vecchio canale TV senza segnale: tutto schermata grigia e rumore di fondo. Ecco, più o meno la stessa sensazione – ed è per questo che il pepe del Sichuan in cinese si chiama proprio «**Ma La**» (麻辣): *Ma* vuol dire «intorpidito», *La* «piccante». Un nome, una garanzia.

Mao Xue Wang (毛血旺)

Zuppa super rossa e – inutile dirlo – piccante, a base di sangue d'anatra, trippa, aorta e intestino di maiale, germogli di soia... in poche parole, una bomba di gusto.

Yu Er Ji (芋儿鸡)

Pollo e taro (un tubero tipicamente asiatico) cotti a lungo in una salsa densa con peperoncino, pepe del Sichuan e un goccio di birra.

Shui Zhu Yu (水煮鱼)

Fettine di pesce leggero immerse in olio bollente aromatizzato al peperoncino e pepe del Sichuan. Il pesce è talmente tenero che si scioglie in bocca, ma attenzione... è una bomba di Ma La! Così piccante e intorpidente che dopo il primo boccone vi sembrerà di aver perso temporaneamente la sensibilità a tutta la faccia. Perfetto da domare con una ciotola di riso bianco, che funziona un po' da estintore per le papille gustative.

Ristoranti top per questa cucina:
Yueban (月半), sede di Jiefangbei;
Yang Ji Longfu (杨记隆府), sede principale;
Mafangwan 66 Hao Jianghu Cai (马房湾66号江湖菜).

QUALCUNO HA DETTO STREET FOOD?

In questa città, ogni angolo, ogni vicolo e ogni marciapiede profumano di qualcosa di buono. Lo street food qui è ovunque – dai chioschetti ai carretti che spuntano all'improvviso – e vale assolutamente la pena provarlo. Ecco alcune delle specialità più tipiche:

Suan La Fen (酸辣粉)

Se amate il piccante, questo è un assaggio obbligato. Sono vermicelli spessi e un po' trasparenti, fatti con amido di patata dolce, serviti in un brodo acido e piccante (il nome infatti vuol dire proprio «acido-piccante»). Di solito sopra ci si trova un mix di carne macinata, soia fritta, sottaceti, arachidi tritate, cipollotto e/o coriandolo. Sono belli saporiti e la consistenza è super elastica.

Chao Shou (抄手)

Sono dei raviolini con la sfoglia molto sottile, piuttosto simili ai Wonton, con un ripieno di carne di maiale. A Chongqing si mangiano in due versioni: la versione «a secco», con olio rosso piccante **Hongyou Chao Shou** (红油抄手), conditi con salsa di soia, aglio tritato e olio al peperoncino, oppure in brodo **Qingtang Chao Shou** (清汤抄手), più delicati e leggeri, perfetti se volete una pausa dal piccante. Morbidi, saporiti e golosissimi: è proprio il caso di dire che uno tira l'altro.

Shancheng Xiao Tangyuan (山城小汤圆)

Sono piccole palline di farina di riso glutinoso, ripiene di pasta dolce di sesamo nero o arachidi, servite in una zuppa dolce (di solito fatta con acqua semplice o con riso fermentato). Morbide, dolci, perfette anche a colazione o come dessert.

Kao Shaopi (烤苕皮)

Questa è una vera chicca da strada: sfoglie sottili fatte con amido di patata dolce, cotte su brace o piastra finché non diventano croccanti ai bordi. Poi vengono spennellate con olio piccante e farcite con cipollotto, coriandolo, rapa sottaceto... infine arrotolate su uno stecchino. Croccanti fuori, morbide dentro, e con quel gusto acidulo-piccante che , appena finita una, vi farà venire voglia di morderne subito un'altra.

HONGYOU CHAOSHOU

QINGTANG CHAOSHOU

UNA PAUSA CON IL TÈ (COME SI DEVE)

Tra un piatto piccante e l'altro, non dimentichiamoci che Chongqing è anche una città in cui fermarsi a bere il tè è quasi un rito quotidiano. Capita spesso, camminando per strada, di vedere delle sedie di plastica, un ombrellone un po' scolorito e qualche thermos gigante: ecco, quello è un posto dove si beve il tè. Nessuna cerimonia complicata, nessuna posa zen – solo relax, chiacchiere e un prezzo super economico.
Se volete fare un'esperienza davvero autentica, vi consiglio di andare al **Jiaotong Cha Guan** (交通茶馆), una storica sala da tè della città.

Qui non si viene solo per bere: si viene per stare.

L'arredamento è ancora quello rustico e un po' vissuto di una volta, e l'atmosfera è quella di un vero punto d'incontro del quartiere. Sedetevi con calma, ordinate una tazza di tè verde o al crisantemo, sgranocchiate semi di girasole o arachidi, e magari prendetevi qualche ora per leggere il giornale o giocare a carte con gli amici, come i veri abitanti di Chongqing. È una piccola pausa fuori dal tempo, un modo bellissimo per sentirsi parte della città.

DAL GIORNO ALLA NOTTE, I QUARTIERI PIÙ GOLOSI DELLA CITTÀ

A Chongqing non serve cercare troppo a lungo per trovare qualcosa di buono da mangiare: basta mettersi a camminare, e il profumo dei piatti farà il resto. Ma se volete andare a colpo sicuro, ecco qualche zona perfetta per riempirvi lo stomaco (e magari anche lo zaino di snack da portar via):

Bayi Haochi Jie (八一好吃街)

Vi ho già detto che è conosciuta come la «Strada del Cibo Buono», si trova proprio nel cuore di Jiefangbei. È la più turistica, quindi anche la più affollata, ma è piena zeppa di bancarelle, chioschi di street food, bevande coloratissime e prodotti tipici locali. Insomma, una tappa obbligata.

Guanyinqiao Haochi Jie (观音桥好吃街)

Sempre «Strada del Cibo Buono», ma questa volta nel quartiere commerciale di Guanyinqiao. È molto frequentata dai locali, più tranquilla rispetto a Jiefangbei, con una scelta vastissima e un'attenzione in più all'aspetto estetico delle bancarelle (quindi anche le foto vengono meglio).

Jiaochangkou Night Market (较场口夜市)

Se siete in zona Jiefangbei verso sera, qui si accendono le griglie, si apparecchiano le tavolate all'aperto e parte la festa del gusto: spiedini, fritti, noodles, ravioli... un tripudio di profumi e colori.

Chengnan Jiayuan Night Market (城南家园夜市)

Un po' più fuori dal centro, nella zona di Nan An, questo mercato notturno è amatissimo per l'ottimo rapporto qualità-prezzo e per il suo spirito autentico: qui ci mangiano davvero i residenti, quindi aspettatevi sapori veraci e porzioni abbondanti.

Raffles City (来福士)

Se invece vi trovate già nella zona del famoso centro commerciale con vista panoramica, sappiate che a ogni piano troverete una selezione di ristoranti e bancarelle con specialità provenienti da diverse regioni della Cina e dal resto del mondo. Perfetto se volete un tour gastronomico... senza muovervi troppo.

Insomma, che siate tipi da grattacieli e ristoranti eleganti, o da viuzze e spiedini sullo stecco, Chongqing ha sempre qualcosa da offrirvi, a qualunque ora del giorno (e della notte).

LA NOTTE A CHONGQING: UNA PASSEGGIATA

tra sogno e realtà

C'è una cosa che ancora non vi ho detto: Chongqing dà il meglio di sé dopo il tramonto, quando le strade si accendono di mille luci, i grattacieli scintillanti si riflettono lungo i fiumi, i vicoli si animano di vita. La notte, insomma, ha un'energia tutta sua. Di seguito trovate una selezione di quelli che, secondo me, sono i quartieri migliori per vivere l'atmosfera notturna più spettacolare (e surreale) della città.

HONG YA DONG
(洪崖洞)

È difficile descriverlo a parole: un villaggio su più livelli incastonato nella roccia, con lanterne rosse, palazzi in legno sospesi nel vuoto e una vista che sembra un sogno. Di notte si accende di luci ed è impossibile non pensare a un film di Miyazaki. Magica è dire poco!

YUN DUAN ZHI YAN
(云端之眼)

Se non avete paura dell'altezza, salite fino al 67esimo piano del

Un mare di luci che si riflette sul fiume...

grattacielo Chongqing United International Mansion: da lassù la città sembra un mare di luci senza fine. L'ingresso è a pagamento ma la vista mozzafiato a 360 gradi vale ogni yuan del biglietto (che, per la precisione, costa 68 yuan, circa 8,50 euro). Per non parlare delle bellissime foto che farete!

QIANSIMEN BRIDGE
(千厮门大桥)

Immancabile una passeggiata lungo questo ponte a due piani, che collega i due lati del fiume Jialing: sopra passano le auto, sotto corre la metro Linea 6. Piccolo segreto: è uno dei punti migliori per fotografare Hong Ya Dong da lontano, tutta illuminata.

XIA HAOLI
(下浩里)

Se amate le atmosfere decadenti e affascinanti, questo quartiere fa decisamente per voi. Ci troverete rovine urbane mescolate a installazioni artistiche, viuzze di pietra coperte di muschio, alberi secolari, muri scrostati – quasi quasi vi verrà voglia di rispolverare il vostro account Tumblr...

Il grattacielo sdraiato è proprio dietro di me: visto quant'è alto?

RAFFLES CITY
(来福士)

Sì, quello con il grattacielo «sdraiato» più alto del mondo. Di sera si illumina come un'astronave. Se volete vederlo da vicino, potete salire sulla piattaforma panoramica dentro il centro commerciale. Ma se invece volete fotografarlo per intero, il consiglio è spostarvi sull'altra riva del fiume, lungo Nanbin Road, nei pressi della **Torre dell'Orologio** (南滨路钟楼). Visto da lì, è davvero spettacolare.

SHIBATI
(十八梯)

Una volta era una delle strade più importanti della Chongqing collinare e «vecchia maniera»: oggi restano scalinate ripide, illuminate in modo davvero scenografico. Camminare lì, di notte, dà la sensazione di attraversare l'anima antica della città.

Per concludere, direi che Chongqing è proprio questo: una città dove non sai mai cosa ti aspetta dietro l'angolo. Non si esaurisce in una lista di «luoghi da vedere», né gli scorci più belli e fotogenici sono per forza quelli segnati sulle mappe. È un luogo speciale, dove puoi salire due scalini e ritrovarti... cinque piani più in alto; dove ti perdi anche col GPS, ma intanto scopri un ristorantino pazzesco; dove il piccante è una religione e ogni sera sembra una scena di *Blade Runner*. In poche parole, un caos meraviglioso da cui è impossibile non farsi conquistare.

Più che una città da visitare, direi che è una città da vivere. Anche – e soprattutto – di notte.

LE STAZIONI FERROVIARIE A CHONGQING

Niente imprevisti (per fortuna)

Se la città può spiazzarvi per la sua struttura particolarissima, le sue scale infinite e le discese improvvise, le stazioni invece sono una certezza. Moderne, affidabili, soprattutto ben collegate.

CHONGQING OVEST

Chongqing Xi Zhan (重庆西站)

- È moderna, gigante e bella efficiente.
- Da qui partono sia treni ad alta velocità che treni ordinari, verso mete top come Chengdu, Kunming, Guiyang, Guangzhou, Shanghai, Pechino e via dicendo.
- Ci arrivi con la Linea 5 e la Linea Circolare della metro.

CHONGQING NORD

Chongqing Bei Zhan (重庆北站)

- Affollatissima, ma organizzatissima.
- Ci trovate soprattutto treni ad alta velocità, più qualche treno ordinario qua e là.
- Le destinazioni principali sono Chengdu, Wuhan, Zhengzhou, Xi'an, Pechino.

Occhio: la stazione ha due piazze (Nord e Sud), collegate entrambe alla metro. Le fermate giuste sono Chongqing Bei Zhan Nan (重庆北站南) o Bei Guang Chang (北广场), servite dalle Linee 3, 4, 10 e Circolare.

SHAPINGBA

Sha Ping Ba Zhan (沙坪坝站)

- Piccola (per modo di dire) ma comodissima.
- Situata in posizione centralissima, è ideale per chi vuole viaggiare rapido tra Chongqing e Chengdu, con treni ad alta velocità frequentissimi.
- La raggiungete con la Linea 1, 9 o Circolare della metro.

DA CHONGQING IN AEREO

Modernità semplice

AEROPORTO INTERNAZIONALE JIANGBEI – CKG

Jiang Bei Guo Ji Ji Chang (江北国际机)

Nonostante la struttura urbana un po' da videogame, qui è tutto comodo e ben pensato.

- La Linea 10 della metropolitana collega varie zone centrali direttamente al Terminal T3: veloce, pulita, senza stress.
- Altrimenti, in Didi o taxi, da zone centrali come Jiefangbei o Guanyinqiao, il tragitto dura tra i 40 e i 60 minuti.

Sarà come muoversi dentro a un videogioco!

3A

距行李提取约 50米
50m Walk to the Baggage Claim

上海市

SHANGHAI

DOVE MODERNITÀ E TRADIZIONE CONVIVONO

Ed eccoci arrivati all'ultima tappa del nostro viaggio in Cina: Shanghai. Una città che non ha certo bisogno di presentazioni, l'anima più moderna e internazionale del Paese. Dopo aver esplorato i vicoli misteriosi di Pechino, la storia millenaria di Xi'an e i quartieri fantascientifici di Chongqing, ci meritiamo un assaggio (in tutti i sensi) della Cina più cosmopolita. Ma, vi avviso, Shanghai non si lascia capire subito: a un angolo vi sembrerà di stare a Parigi, un altro tratto vi ricorderà Tokyo, e poi all'improvviso vi ritroverete a mangiare in una bettola storica con una zuppa tra le mani e le lanterne rosse sopra la testa.

Qui passato e futuro si mescolano e coesistono fianco a fianco: vicoli bohémien con case tradizionali lasciano il posto a grattacieli alti come montagne, e ai piedi di edifici ultra moderni sbucano templi dorati e sale da tè con il profumo di gelsomino. Insomma, non potreste scegliere una meta migliore per chiudere il vostro viaggio: Shanghai è un concentrato della Cina intera, vi lascerà con gli occhi lucidi – e la pancia piena, ovviamente.

THE BUND
YUYUAN
NANJING ROAD
TIANZIFANG
Shopping
assicurato

LA SHANGHAI DI UNA VOLTA (CHE È ANCORA BELLISSIMA)

Per vivere davvero Shanghai, il mio consiglio è semplice: **camminate**. Tanto. Solo perdendovi tra vicoli, viali alberati e skyline riuscirete davvero a cogliere tutta la bellezza e le contraddizioni di questa città.

E quando sareste stanchi di camminare – o se siete di quelli che partono con le buone intenzioni, ma poi «anche oggi si cammina domani» – la **metropolitana** è super comoda, economica (3 yuan a corsa, circa 40 centesimi di euro!) e ultra moderna: anche qui, come a Pechino, basta una scansione con Alipay per passare i controlli e salire a bordo. Passando ai quartieri veri e propri, sappiate subito che Shanghai non è solo grattacieli e luci al neon: potrete anche camminare senza meta tra vicoletti tranquilli e caffè con le tende mosse dal vento. Ci sono angoli che sembrano disegnati apposta per chi ama passeggiare piano, curiosare nelle botteghe e magari comprare qualche tazza fatta a mano.

In questa città non mancano gli alberi!

Il mio consiglio allora è di fermarsi a **Tianzifang** (田子坊), un vero labirinto di viuzze strette, con case basse in stile *shikumen* (tipiche di Shanghai) che oggi ospitano negozi, gallerie, bar e sale da tè. C'è sempre un profumo buono nell'aria, una vetrina che salta all'occhio. Perfetto per chi cerca l'anima bohémien della città – e anche per chi cerca semplicemente un posto fotogenico per le storie su Instagram.

Wukang Road (武康路), invece, è tutta un'altra storia: elegante, silenziosa, punteggiata da platani che d'estate riparano dal sole cocente. Vi sembrerà di essere in una Parigi particolarmente umida, ma con più scooter e meno baguette. Lungo la strada ci sono palazzi in stile europeo, caffè chic e boutique raffinate. Non è un caso che questa zona sia stata abitata da molti scrittori, artisti e intellettuali cinesi. Ah, segnatevi il **13 de marzo cafè:** qui vi serviranno caffè e bevande con un orsacchiotto di peluche. Inutile? Forse.

Tenerissimo?

ASSOLUTAMENTE SÌ

Xintiandi (新天地), infine, è un mix riuscitissimo tra vecchio e nuovo. Gli edifici sono shikumen restaurati benissimo, ma dentro ci trovate ristoranti eleganti, locali alla moda e persino pizzerie (con risultati culinari, diciamo, più o meno felici). È una zona un po' fighetta, ok, ma ideale per una cena all'aperto o una birra in mezzo alla Shanghai più frizzante.
Se poi cercate un angolo di pace, vi suggerisco di fare tappa al **Giardino Yu** (豫园) – che no, nonostante il nome potrebbe trarre in inganno, non si trova lungo la **Yuyuan Road** (愚园路), che è tutta un'altra storia e si trova da un'altra parte della città. Questo angolo verde sorge infatti nel distretto Huangpu, e sembra davvero che il tempo si sia fermato al periodo delle dinastie: vi troverete in mezzo a tetti spioventi, lanterne rosse e calligrafie antiche. Potrete passeggiare tra laghetti di carpe, ponticelli di pietra, piante curatissime e padiglioni che sembrano usciti da un dipinto. È un posto un po' affollato, ma merita assolutamente – anche solo per il contrasto tra

VISTA DEL GIARDINO

questo paradiso silenzioso e tutto il rumore della città fuori dalle mura.

Infine, perdersi nei vicoli attorno al giardino vuol dire anche scoprire mille piccole botteghe, tra calligrafi, chioschetti, negozi di tè o amuleti portafortuna. Ve lo dico: se ad amici, zie e parenti vari non avete ancora preso il souvenir che tanto aspettavano, questo è il posto per rimediare!

Spostandoci proprio sulla Yuyuan Road, invece, vi consiglio di fermarvi al **Tempio Jing'an**, una tappa imperdibile per chiudere in bellezza l'esplorazione della storia cinese. Si trova – letteralmente – in mezzo ai grattacieli, così, di botto, come se fosse spuntato per ricordarci che anche in mezzo al caos e ai centri commerciali c'è spazio per fermarsi e accendere un incenso. Ma tutt'intorno trovate anche caffetterie curate, boutique indipendenti, negozietti di oggettistica di ogni tipo e stupendi shikumen restaurati, il tutto ombreggiato da grandi platani. Insomma, una vecchia Shanghai che si è messa in tiro, vivace e molto frequentata da giovani.

LA FACCIA HI-TECH DELLA CITTÀ

Se nella parte storica di Shanghai si cammina a passo lento tra tegole antiche e profumo d'incenso, qui invece si cammina col naso all'insù – e con il telefono pronto per almeno dieci foto a ogni angolo. Questa è la Shanghai che corre, che luccica, che svetta nel cielo e non dorme mai.
Il punto perfetto per cominciare è il **Bund** (chiamato in cinese **Waitan** 外滩). È la passeggiata più famosa della città, che si affaccia sul fiume Huangpu e vi regalerà la vista forse più iconica di tutta la Cina: da un lato, gli edifici coloniali d'inizio Novecento, dall'altro lo skyline futuristico di **Pudong**, con le sue torri che non hanno niente da invidiare a quelle di un film di fantascienza. Di sera, tutto si accende: luci, riflessi, grattacieli. Magia pura.
Tra i protagonisti assoluti dello skyline c'è la mitica **Torre della Perla Orientale** (**Dong Fang Ming Zhu** 东方明珠), quella con le sfere rosa shocking – impossibile non notarla. Potete salire fino in cima per una vista a 360 gradi sulla città... se non soffrite di vertigini, ovviamente.

Se poi siete in vena di shopping, non potete perdervi **Nanjing Lu** (南京路), la via pedonale più famosa di Shanghai. È un'esplosione di insegne, centri commerciali, ristoranti e profumi di street food. Preparatevi a camminare tanto, a distrarvi ogni due passi e a finire con almeno una busta in mano, anche se volevate solo «dare un'occhiata». Insomma, se volete vedere la Cina del futuro, eccola qui.

Ora, abbiamo camminato, abbiamo scherzato, ci siamo goduti l'anima vecchia e nuova di Shanghai.
Ma adesso è arrivato il momento più atteso (e più gustoso): parliamo di cibo.
Perché sì, Shanghai non è solo una città mozzafiato, ma una tavola imbandita 24 ore su 24. Dai ristorantini storici alle colazioni da un euro, dai baozi fumanti alle caffetterie più instagrammabili, preparatevi a scoprire cosa si mangia nella metropoli più sfacciata (e deliziosa) della Cina.

上海市

SHANGHAI DA MANGIARE

COLAZIONI CROCCANTI, SPAGHETTATE UNTE E DOLCI CHE PROFUMANO DI FIORE

Come vi anticipavo, Shanghai offre una varietà infinita di assaggi incredibili, dai piatti da Guida Michelin allo street food più scatenato. Di seguito vi suggerisco un itinerario molto goloso e molto personale per accompagnare le vostre passeggiate. Insomma, Shanghai non si visita solo con gli occhi, ma anche con la bocca!

COLAZIONE IN STILE SHANGHAI

Da Huchun (大壶春) è il posto perfetto per iniziare la giornata come si deve. Inserito nella Guida Michelin dal 2018 al 2025, qui con circa 50 yuan (circa 6 euro) potete fare una colazione da re. Il piatto forte sono gli **Sheng Jian Bao** (生煎包), i paninetti ripieni tipici di Shanghai. Non confondeteli con i Xiao Long Bao: quelli che troverete qui sono più grandi, con la base croccante e l'impasto più spes-

L'ingresso di Da Huchun

SHENG JIAN BAO

so. Tre gusti da non perdere: con cipollotto e carne di maiale, oppure al granchio e carne di maiale, o ancora la sacra trinità sesamo + carne + gamberi. Di solito si intingono nell'aceto, ma chi vuole un sapore leggermente più forte ci può aggiungere anche un po' di salsa piccante. Senza dimenticare la zuppa di polpettine di pesce come contorno. Una colazione esplosiva!
Un altro posto che adoro è **Yang's Dumpling** (小杨生煎), dove fanno gli Sheng Jian Bao col brodo dentro. Ogni volta che ci vado, ne mangio almeno dieci! È una catena molto popolare, quindi non fatevi problemi a cercarla in giro per la città. E se ve ne innamorate come è successo a me, potete farne scorta anche all'aeroporto di Hongqiao, giusto per dare un ultimo morso a Shanghai prima del volo.
Dugout Coffee & Brunch è una caffetteria tranquilla e accogliente, con tavolini all'aperto da cui si può anche scorgere un pezzetto di Bund, il che la rende perfetta per una

pausa con vista (e qualche super foto da cartolina). Occhio perché i posti all'aperto sono super richiesti, quindi conviene prenotare in anticipo!
Un dettaglio che rende questo posto ancora più speciale è che il personale è composto da ragazzi e ragazze sordomuti, perciò si comunica tramite gesti, oppure, più semplice ancora, indicando sul menu quello che si vuole. Il caffè americano costa intorno ai 3 euro – in linea con i prezzi locali – ma ciò che davvero colpisce qui è l'atmosfera inclusiva e serena, che rende l'esperienza ancora più bella.

DAN BING

Per una colazione street, provate **Dingxing Lu Danbing Tan** (定兴路蛋饼摊), vicino a Piazza del Popolo (in cinese **Ren Min Guang Chang**, 人民广场). Ordinate un **Dan Bing** (蛋饼), una specie di crêpe ripiena a vostro gusto (la mia preferita ha dentro uovo di anatra in salamoia, filetto di maiale e maiale essiccato con alga nori). Costa 15 yuan (2 euro) e, per me, sa di felicità. Restando in zona, scendete al secon-

do piano sotterraneo del grande centro commerciale in Piazza del Popolo per scoprire **Hushi Guang** (沪食光): con 10 yuan (1,30 euro) potete assaggiare il **Qiang Bing** (羌饼), una focaccia croccante fuori e umida dentro, ricoperta di sesamo, e un **Xianrou Yuebing** (鲜肉月饼), la versione salata della famosa torta della luna.
E se, comprensibilmente, non volete rinunciare al caffè, fermatevi da **150 Coffee**, un locale colorato e vintage che serve ottimo caffè a prezzo onesto.

Per i golosi: **Guoji Fandian** (国际饭店) – noto anche come Park Hotel – è assolutamente un must. Hotel storico nel cuore di Shanghai, è famoso quasi più per la sua pasticceria che per le stanze. Di fianco all'ingresso, infatti, trovate il minuscolo locale che sforna le mitiche **Hudie Su** (蝴蝶酥): sfoglie a forma di farfalla, dolci o salate, che ricordano un po' i croissant. Una porzione dolce da 5 pezzi costa 32 yuan (4 euro), e poi potrete anche dire di aver assaggiato uno dei dolci simbolo della città. Perfette con un cappuccino, o direttamente all'aeroporto, tra una lacrima e l'altra per la partenza.

PRANZI E CENE DA RICORDARE

Lailaixialong (莱莱小笼) è una sicurezza. Con 72 yuan, ossia circa 9 euro, vi portate a casa (cioè nello stomaco) una cotoletta di maiale **Zha Zhupai** (炸猪排) e degli **Xiao Long Bao** (小笼包) ripieni di granchio e maiale. Tipicissimi di Shanghai, da pucciare in aceto con zenzero. Non per nulla è un locale Michelin «Big Gourmet»!
Altri posti consigliatissimi per gli Xiao Long Bao sono **Nanxiang Mantou Dian** (南翔馒头店), un locale storico aperto nel 1900 nei pressi del Giardino Yu Yuan, e **Jia Jia Tang Bao** (佳家汤包), una catena sparsa in quasi tutta Shanghai, famosa per l'ottimo rapporto qualità-prezzo. Un avviso spassionato: appena fatti, gli Xiao Long Bao hanno un brodino dentro che è letteralmente lava! Buonissimi, ma scottano come se stessero covando un'eruzione. Quindi, ecco, addentate con calma!

Porzione abbondante di spaghetti!

Huxilao Longtang (沪西老弄堂面馆), invece, è il regno dei sapori decisi. Il piatto da provare è **Geli Zhugan Mian** (蛤蜊猪肝面), spaghetti con vongole e fegato di maiale. Sì, avete letto bene. Non fatevi spaventare dall'abbinamento: è cremoso e gustosissimo. Da mangiare subito, senza farlo raffreddare!

Xian De Lai (鲜得来), invece, è perfetto per la cena: ordinate la **Paigu Niangao** (排骨年糕), ovvero costoletta di maiale con gnocchi di riso, il **Liji Rou** (里脊肉), cioè spiedino di filetto di maiale, un assaggio di una quaglia, e chiudete in dolcezza con una **Guihua Hongdou Baobing** (桂花红豆刨冰), granita profumata di fiori di osmanto odoroso e fagioli rossi. Un mix strano? Sì. Ma delizioso. E qui non siamo a Chongqing: a Shanghai il piccante è un optional, quindi andate sereni.

Panguoxian Erguang Huntun (潘国仙耳光馄饨) merita una tappa per un pasto più easy. Con 25 yuan (3,20 euro) potrete gustare i **Congyou Mian** (葱油面), spaghetti con olio e cipollotto... talmente unti che vi sembrerà di avere il burrocacao sulle labbra! In abbinamento, gli **Erguang Huntun** (耳光馄饨), ravioloni ripieni serviti con salsa di sesamo dolce e acidula. Da leccarsi le dita!

Insomma,
a Shanghai
si mangia sempre,
ovunque, e bene.
Basta lasciarsi
guidare dal naso...
e dallo stomaco!

七宝古镇
QIBAO GUZHEN

Un salto nel tempo... prima di ripartire

Se dopo giorni di grattacieli, luci al neon e maratone metropolitane sentite il bisogno di un attimo di respiro, ho il posto giusto per voi: **Qibao Gu Zhen** («la città antica dei Sette Tesori»), una piccola città sull'acqua a meno di 20 chilometri dal centro di Shanghai. È facile da raggiungere con la **Linea 9** della metropolitana (fermata Qibao) e si trova proprio nei pressi dell'**aeroporto di Hongqiao**. Per chi va e viene dall'aeroporto, comunque, vi consiglio di raggiungerla con un **Didi** (ovvero un Uber cinese): in 10/15 minuti ci siete, senza bisogno di cambi o complicazioni varie.

Qibao Guzhen è il classico villaggio che sembra uscito da una cartolina: ponticelli in pietra, casette storiche affacciate sui canali, negozietti di ogni tipo, templi e giardinetti sparsi qua e là.

Il suo nome, che significa appunto «**Sette Tesori**», viene da una leggenda secondo cui nel tempio principale del villaggio sarebbero custoditi sette oggetti sacri: una statua del Buddha, testi religiosi antichi, una campana gigante, un gallo d'oro, un albero magico, un paio di bacchette e una strana ascia di giada. Che siano reali o no, poco importa, perché i veri tesori qui sono altri: l'atmosfera rilassata e il cibo clamoroso.

Qibao Guzhen è, senza esagerare, uno dei migliori posti in assoluto per assaggiare lo street food locale. Sulla strada principale scoprirete un vero e proprio paradiso gastronomico. Tra le cose da provare assolutamente:

Hai Tang Gao (海棠糕)

Dolcetto soffice ripieno di pasta di fagioli rossi e caramellato sopra. Costa meno di un euro e dà dipendenza assoluta.

Cong You Bing (葱油饼)

Focaccia al cipollotto croccante, profumata, friabile. Uno spuntino semplice ma irresistibile.

Impossibile scegliere il mio preferito!

Tang Yuan (汤圆)

Palline di riso glutinoso servite in brodo, con ripieni diversi: sesamo nero (per i golosi), maiale o arachidi dolci.

Nuomi Dan (糯米蛋)

Un'idea geniale (o folle?): uova farcite con riso glutinoso al posto dell'albume.

Guan Dan (灌蛋)

Altra chicca creativa, con l'uovo «imbottito» di pezzetti di carne e poi cotto, servito in una zuppetta con alghe.

E se tra uno spiedino e un raviolo volete anche vedere qualcosa di particolare, potete assistere a uno spettacolo del **Teatro delle Ombre**, un'arte ancora molto viva in queste zone. Il posto in questione si chiama **Qibao Piying Xiguan** (七宝皮影戏馆), e potrete assistere a uno spettacolo per soli 5 yuan (circa 60 centesimi di euro!), mentre i bambini entrano gratis. Parliamo della forma più antica di burattinaggio, in cui i personaggi vengono mossi dietro un telo illuminato, creando una sorta di «cartone animato» d'altri tempi, capace ancora di incantare grandi e piccoli. Un modo perfetto per chiudere la visita a Qibao con un pizzico di magia.

LE STAZIONI FERROVIARIE A SHANGHAI

Stazioni pazzesche per una metropoli enorme

Una metropoli immensa, ormai lo sappiamo, e le sue stazioni ferroviarie non sono da meno. Ne ha tre principali, ciascuna con il suo stile e le sue destinazioni più frequenti. Che siate in cerca di alta velocità, viaggi notturni o tratte economiche, troverete senz'altro la stazione che fa per voi.

STAZIONE DI SHANGHAI

Shang Hai Zhan (上海站)

- È la stazione «storica» della città. Perfetta per chi vuole partire alla volta dell'entroterra, con treni ordinari o notturni verso città come Pechino, Xi'an, Lanzhou o Urumqi.
- Raggiungibile con la metro, usando le Linee 1, 3 e 4 (fermata Shang Hai Zhan 上海站).

STAZIONE DI SHANGHAI HONGQIAO

Shang Hai Hong Qiao Zhan (上海虹桥站)

- Un capolavoro di efficienza: modernissima, super trafficata e attaccata all'aeroporto. Da qui partono solo treni ad alta velocità (sigle G e D), verso città come Pechino, Hangzhou, Suzhou, Changsha e tante altre.
- La raggiungerete con le Linee 2, 10 e 17 della metro (fermata Hong Qiao Huo Che Zhan 虹桥火车站).

STAZIONE DI SHANGHAI SUD

Shang Hai Nan Zhan (上海南站)

- Specializzata nei treni ordinari (e nei viaggi lunghi a prezzi contenuti) verso il Sud della Cina: Fuzhou, Xiamen, Guangzhou, Kunming... L'alta velocità qui si vede poco, ma se volete una cuccetta e tanta pazienza, è il posto giusto.
- Ci si arriva con le Linee 1, 3 e 15 della metro (fermata Shang Hai Nan Zhan 上海南站).

DA SHANGAI IN AEREO

Centro e periferia

AEROPORTO INTERNAZIONALE PUDONG – PVG

Pu Dong Guo Ji Ji Chang (浦东国际机场)

È l'aeroporto per i voli internazionali, enorme e, diciamo, non proprio dietro l'angolo.

- Potete raggiungerlo con la Linea 2 della metropolitana: economica, ma lunga (parliamo di circa 70-90 minuti).
- Se siete di fretta (e se vi piace fingere di trovarvi su un'astronave), prendete il treno Maglev dalla stazione Longyang Road: in 8 minuti sarete lì.
- Taxi o Didi? Dal centro ci si mette circa un'ora, un'ora e mezza, salvo imprevisti (e Shanghai, si sa, ama complicare le cose).

AEROPORTO INTERNAZIONALE HONGQIAO – SHA

Hong Qiao Guo Ji Ji Chang (虹桥国际机场)

È l'aeroporto cittadino per eccellenza, comodissimo e ben collegato con la stazione dei treni di Hongqiao.

- Ci arrivate direttamente con la Linea 2 o 10 della metro: entrambe arrivano ai terminal T1 e T2.
- In taxi o con Didi, il tragitto dal centro città dura tra i 20 e i 40 minuti.

E attenzione a non dimenticare nulla!

Mandarino da sopravvivenza:

ESPRESSIONI UTILI PER CAVARSELA IN CINA

IN ALBERGO

入住 Ru Zhu
= **Check-in**

退房 Tui Fang
= **Check-out**

Wi-Fi密码是多少？ Wi-fi Mi Ma Shi Duo Shao?
= **Qual è la password del Wi-fi?**

可以寄存行李吗？Ke Yi Ji Cun Xing Li Ma?
= **Si possono lasciare qui i bagagli?**

早餐几点？Zao Can Ji Dian?
= **A che ora è la colazione?**

我要清洁房间 Wo Yao Qing Jie Fang Jian
= **Vorrei la pulizia della camera**

请帮我叫出租车 Qing Bang Wo Jiao Chu Zu Che
= **Chiamami un taxi**

请给我禁烟房间 Qing Gei Wo Jin Yan Fang Jian
= **Vorrei una camera per non fumatori**

请更换毛巾 Qing Geng Huan Mao Jin
= **Cambiami gli asciugamani**

我要卫生纸 Wo Yao Wei Sheng Zhi
= **Vorrei la carta igienica**

我要牙刷 Wo Yao Ya Shua
= **Vorrei lo spazzolino da denti**

请给我开发票 Qing Gei Wo Kai Fa Piao
= **Vorrei la fattura**

AL RISTORANTE

我要菜单 Wo Yao Cai Dan
= **Vorrei il menu**

我要点菜 Wo Yao Dian Cai
= **Vorrei ordinare**

我要打包 Wo Yao Da Bao
= **Vorrei portare via**

我有预约 Wo You Yu Yue
= **Avrei una prenotazione**

现在有位置吗？Xian Zai You Wei Zhi Ma?
= **Ora avete posto?**

有英文菜单吗？You Ying Wen Cai Dan Ma?
= **C'è il menu in inglese?**

这个菜辣吗？Zhe Ge Cai La Ma?
= **Questo piatto è piccante?**

我要餐巾纸 Wo Yao Can Jin Zhi
= **Vorrei un tovagliolo di carta**

我要AA制 Wo Yao AA Zhi
= **Vorrei pagare alla romana**

好吃 Hao Chi
= **Buono (da mangiare)**

好喝 Hao He
= **Buono (da bere)**

不要辣 Bu Yao La
= **Non voglio il piccante**

不要香菜 Bu Yao Xiang Cai
= **Non voglio il coriandolo**

我吃素 Wo Chi Su
= **Sono vegano**

我不吃肉 Wo Bu Chi Rou
= **Non mangio carne**

我对_____过敏 Wo Dui_____Guo Min
= **Sono allergico a _____**

鸡蛋 Ji Dan = **Uova**

牛奶 Niu Nai = **Latte**

水果 Shui Guo = **Frutta**

小麦 Xiao Mai = **Grano tenero**

大麦 Da Mai = **Orzo**

花生 Hua Sheng = **Arachidi**

芝麻 Zhi Ma = **Sesamo**

坚果 Jian Guo = **Frutta secca a guscio**

鱼 Yu = **Pesce**

虾 Xia = **Gambero**

贝类 Bei Lei = **Molluschi**

海鲜 Hai Xian = **Frutti di mare**

豆类 Dou Lei = **Legumi**

黄豆 Huang Dou = **Soia**

麸质 Fu Zhi = **Glutine**

In quest'ultimo caso, dato che non si tratta di un'allergia comune in Cina e i ristoratori potrebbero non capirvi, consiglio di aggiungere anche:

我不能吃含面粉，小麦，酱油之类的东西 Wo Bu Neng Chi Han Mian Fen, Xiao Mai, Jiang You Zhi Lei De Dong Xi
= **Non posso mangiare tutto ciò che contiene farina di grano, grano e salsa di soia**

吃了会生病 Chi Le Hui Sheng Bing
= **Se li mangio, mi sento male**

FRASI DI CORTESIA

你好 Ni Hao
= **Ciao**
(si usa solo come saluto iniziale, non quando si va via)

再见 Zai Jian
= **Arrivederci**

谢谢 Xie Xie
= **Grazie**

不客气 Bu Ke Qi
= **Prego**

对不起 Dui Bu Qi
= **Scusa**

我爱中国 Wo Ai Zhong Guo
= **Amo la Cina**

SHOPPING

可以用信用卡吗? Ke Yi Yong Xin Yong Ka Ma?
= **Si può pagare con la carta?**

可以试穿吗? Ke Yi Shi Chuan Ma?
= **Si può provare a indossare?**

可以免税吗? Ke Yi Mian Shui Ma?
= **Si può fare il Tax Free?**

我要这个 Wo Yao Zhe Ge
= **Voglio questo**

多少钱? Duo Shao Qian?
= **Quanto costa?**

太贵了 Tai Gui Le
= **Costa troppo**

便宜一点 Pian Yi Yi Dian
= **Fai di meno**

结账 Jie Zhang
= **Il conto**

请给我小票 Qing Gei Wo Xiao Piao
= **Dammi la ricevuta**

我要一个袋子 Wo Yao Yi Ge Dai Zi
= **Vorrei una busta**

FRASI QUOTIDIANE

是的 Shi De
= **Sì**

不是 Bu Shi
= **No**

有 You
= **C'è**

没有 Mei You
= **Non c'è**

对 Dui
= **Giusto**

不对 Bu Dui
= **Non è giusto**

要 Yao
= **Voglio**

不要 Bu Yao
= **Non voglio**

这个 Zhe Ge
= **Questo**

那个 Na Ge
= **Quello**

这个是什么？ Zhe Ge Shi Shen Me?
= **Cos'è questo?**

我是意大利人 Wo Shi Yi Da Li Ren
= **Sono italiano**

我不会说中文 Wo Bu Hui Shuo Zhong Wen
= **Non so parlare cinese**

你会说英文吗？ Ni Hui Shuo Ying Wen Ma?
= **Sai parlare inglese?**

请说慢一点 Qing Shuo Man Yi Dian
= **Parla più lentamente**

医院在哪里？ Yi Yuan Zai Na Li?
= **Dov'è l'ospedale?**

超市在哪里？ Chao Shi Zai Na Li?
= **Dov'è il supermercato?**

厕所在哪里？ Ce Suo Zai Na Li?
= **Dov'è il bagno?**

太好了 Tai Hao Le!
= **Che bello!**

没问题 Mei Wen Ti
= **Non c'è problema**

TRASPORTI

_ _ _ 在哪里？ ___Zai Na Li?
= **Dov'è _____?**

我要去___ Wo Yao Qu ____
= **Devo andare a _____**

车票在哪里买？ Che Piao Zai Na Li Mai?
= **Dove si comprano i biglietti?**

我要下车 Wo Yao Xia Che
= **Voglio scendere dall'auto**

还要多久? Hai Yao Duo Jiu?
= **Quanto manca ancora?**

自行车 Zi Xing Che = **Bicicletta**

火车 Huo Che = **Treno**

火车站 Huo Che Zhan
= **Stazione dei treni**

飞机 Fei Ji = **Aereo**

飞机场 Fei Ji Chang = **Aeroporto**

公交车 Gong Jiao Che = **Autobus**

公交车站 Gong Jiao Che Zhan
= **Fermata dell'autobus**

地铁 Di Tie
= **Metropolitana**

地铁站 Di Tie Zhan
= **Stazione della metropolitana**

NUMERI

一 Yi = **1**

二 Er = **2**

三 San = **3**

四 Si = **4**

五 Wu = **5**

六 Liu = **6**

七 Qi = **7**

八 Ba = **8**

九 Jiu = **9**

十 Shi = **10**

十一 Shi Yi = **11**

十二 Shi Er = **12**

二十 Er Shi = **20**

三十 San Shi = **30**

一百 Yi Bai = **100**

一千 Yi Qian = **1000**

一万 Yi Wan = **10000**

Esempio:

Vorrei 158 Bao Zi, grazie.

我要一百五十八个包子，谢谢.

Wo Yao Yi Bai Wu Shi Ba Ge Bao Zi, Xie Xie.

Una nota personale

In ogni viaggio che faccio, uno degli aspetti che mi piace di più è imparare qualche parola della lingua locale. Non importa se riesco a dire solo «ciao», «grazie» o «quanto costa?»: ogni parola in più che posso imparare mi permette di connettermi meglio con le persone del posto. Ho sempre notato quanto ai commercianti, ai passanti o a chiunque altro piaccia sentire un turista che prova a parlare nella sua stessa lingua.

Imparare anche solo qualche parola può sembrare un piccolo gesto, ma in realtà è un grande segno di rispetto verso la cultura che stiamo visitando. Mostra che siamo interessati, che apprezziamo il paese in cui ci troviamo e che, nonostante le difficoltà linguistiche, siamo disposti a fare uno sforzo per entrare in contatto.

A me è sempre piaciuto imparare nuove lingue; ogni volta che pronuncio un termine in una lingua straniera, mi sento parte di una comunità globale. E se anche tu ti avvicini alla Cina (o a qualsiasi altro paese), ti incoraggio a fare lo stesso. Non è necessario diventare fluenti, ma ogni parola che riesci a imparare ti aiuterà a creare una connessione più autentica con le persone che incontrerai lungo il cammino.

Ultimo sorso di tè

PRIMA DEL DECOLLO

E così eccoci alla fine – o meglio, all'inizio del vostro viaggio. Abbiamo passeggiato tra i cortili della Città Proibita, mangiato focacce bollenti all'alba di Xi'an, sudato davanti a un hot pot a Chongqing e alzato lo sguardo fino a toccare le nuvole nello skyline di Shanghai. Quattro assaggi della Cina che, spero, vi abbiano fatto venire l'acquolina in bocca verso un Paese che ha davvero tantissimo da dare.

La parte migliore, però, non ve la posso raccontare: è quella che vivrete voi, in prima persona: un profumo che vi coglierà impreparati, uno scorcio che scoprirete per caso, un abbinamento di sapori inaspettato, un'anziana che vi sorriderà e vi farà sentire accolti perché magari le ricorderete il nipote che studia lontano. Queste cose non si infilano in una guida – succedono e basta, e sono il vero condimento del viaggio.

Parlo da «figlio di due mondi», col cuore metà in Italia e metà in Cina. Ho avuto il privilegio di conoscere il meglio di entrambe le culture e ogni volta che torno in Cina è un nuovo colpo di fulmine. Raccontarla per me è sempre un gioco, una gioia, e soprattutto un invito a sedersi a tavola: dietro ogni spiedino, ogni tazza di tè, ogni street food c'è sempre una storia millenaria che vale la pena di assaggiare.

Sì, il volo è lungo, le distanze sono da maratoneti, le dimensioni fanno girare la testa. Ma pensate a questo Paese come a un gigantesco wok in cui potete scegliere come mixare la vostra dose personale di storia, natura, modernità e sapori. E come avrete ormai notato, mangiare bene, dormire comodi e spostarsi con i mezzi è relativamente economico. Anzi, diciamolo chiaramente: con quello che da noi spendete per una brioche in aeroporto o due caffè in centro città, in Cina vi fate una colazione imperiale, o un pranzo di street food come si deve!

Quindi riempite la valigia di curiosità, scaricate le app fondamentali, portatevi quello che vi serve, ma soprattutto lasciate un po' di spazio libero: lo riempirete di scoperte, incontri e aneddoti che nessuno potrà vivere al posto vostro. Io, intanto, resto qui a lucidare bacchette e a studiare nuovi itinerari. Perché in Cina – fidatevi di uno che ne ha viste parecchie – non si smette mai di dire «ancora un assaggino, dai».

Buon viaggio, buona scoperta e...

Zài Jiàn (再见)!

APPUNTI DI VIAGGIO

NOTE

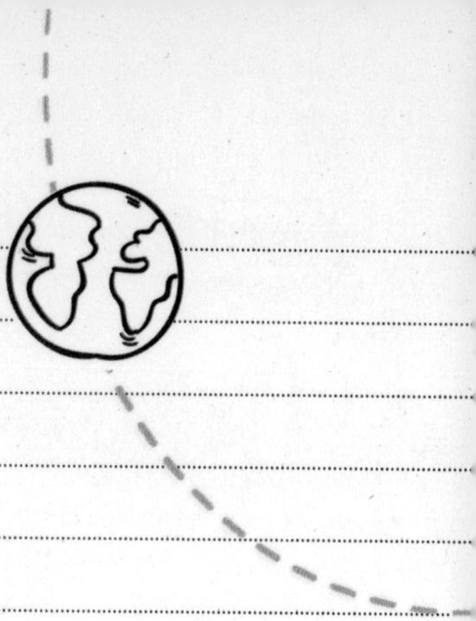

APPUNTI DI VIAGGIO

NOTE

Ringraziamenti

Desidero innanzitutto ringraziare mia moglie Lyu Na,
senza la quale non sarei la persona che sono oggi.
Ha contribuito in modo fondamentale a questo libro,
correggendo gli ideogrammi cinesi e offrendomi informazioni
preziose che solo chi vive davvero un luogo può conoscere.

Ringrazio anche i miei genitori, che mi hanno dato la vita
e mi hanno cresciuto insegnandomi il rispetto
e i valori fondamentali della vita.

Un grazie speciale va al mio piccolo compagno di vita Salsiccia,
il mio cagnolino bassottino carino, che con ogni suo sguardo
mi regala felicità e mi ispira in tutto ciò che faccio.

Ringrazio di cuore la mia editor Emma Cori,
che ha creduto sin dall'inizio in questo progetto,
e Giulia Oglialoro che mi ha affiancato nella stesura e nella
revisione grammaticale del testo.

Un pensiero riconoscente anche a chi ha curato la grafica.
Un lavoro spesso invisibile, ma fondamentale,
che ha dato forma e identità a queste pagine.

Per concludere, voglio rivolgere un immenso GRAZIE
a tutte le persone che mi hanno supportato e continuano
a farlo in questo viaggio infinito, nato quasi per caso,
che ci condurrà a scoprire e assaporare i sapori
più autentici in ogni angolo del mondo.

Crediti fotografici

Foto: Lyu Na

Le immagini alle pagine 12, 13, 14, 15, 35, 36, 37, 61, 64, 67, 86, 88, 89, 114, 116, 117, 119, 137, 138, 139: © Shutterstock

Le immagini alle pagine 8, 9, 11, 15, 16, 17, 18, 19, 21, 24, 26, 27, 28, 29, 30, 31, 35, 36, 37, 39, 40, 41, 46, 51, 58, 59, 60, 61, 62, 63, 64, 65, 67, 71, 75, 86, 87, 88, 89, 91, 96, 114, 115, 116, 117, 119, 136, 138, 139, 150, 153, 155: © Freepick

Finito di stampare nel mese di settembre 2025
per conto di RCS MediaGroup S.p.A.,
da Rotolito S.p.A., Via Sondrio, 3, Pioltello (Milano)
Printed in Italy